本专著获得国家软科学"资源型城市科技进步促进产业转型路径选择及发展对策研究(2012GXS4D090)"课题资助

资源型城市产业转型
理论与实践

The Industrial Transformation of Resource-based Cities:
Theory and Practice

吴宗杰/著

中国财经出版传媒集团

经济科学出版社
Economic Science Press

图书在版编目（CIP）数据

资源型城市产业转型理论与实践／吴宗杰著.
—北京：经济科学出版社，2016.6
ISBN 978 - 7 - 5141 - 7008 - 5

Ⅰ.①资… Ⅱ.①吴… Ⅲ.①城市经济 -
产业结构调整 - 研究 Ⅳ.①F29

中国版本图书馆 CIP 数据核字（2016）第 134495 号

责任编辑：段　钢
责任校对：杨晓莹
责任印制：邱　天

资源型城市产业转型理论与实践

吴宗杰　著

经济科学出版社出版、发行　新华书店经销

社址：北京市海淀区阜成路甲 28 号　邮编：100142
总编部电话：010 - 88191217　发行部电话：010 - 88191522
网址：www. esp. com. cn
电子邮件：esp@ esp. com. cn
天猫网店：经济科学出版社旗舰店
网址：http://jjkxcbs. tmall. com
北京万友印刷有限公司印装
710×1000　16 开　15 印张　220000 字
2016 年 8 月第 1 版　2016 年 8 月第 1 次印刷
ISBN 978 - 7 - 5141 - 7008 - 5　定价：48. 00 元
（图书出现印装问题，本社负责调换。电话：010 - 88191502）
（版权所有　侵权必究　举报电话：010 - 88191586
电子邮箱：dbts@esp. com. cn）

市主导产业科学依据，对城市经济社会的长期发展及区域竞争力提升具有重要的理论价值和实践意义。本书在界定资源型城市及衰退产业概念的基础上，阐述了城市衰退产业转型的相关理论，及国内资源型城市产业发展现状及基本特征，深入探析产业发展面临的主要问题，总结当前产业转型模式及路径选择方式，分析资源型城市产业转型的政策影响，促进资源型城市经济、社会及生态环境的协调性发展。主要内容包括：

第一部分：关于资源型城市与衰退产业转型的理论透视。分析国内外产业转型的相关研究现状，界定资源及其枯竭型城市、产业、衰退产业、产业布局等概念，明确国内资源型城市的类别，探讨科技创新对资源型城市转型的意义与方法，分析产业转型的内涵及演进规律，重点阐述区域发展理论、产业生态理论、资源型城市可持续发展理论、资源型产业转型成本等资源型城市转型的基础理论。

第二部分：国内资源型城市产业发展现状描述及问题分析。分别选取总体态势、典型分布为视角对资源型城市布局状况进行描述；依据资源型城市规模、层次不同，划分资源型城市发展的不同发展阶段；从空间布局、产业结构、科技结构等方面归纳了资源型城市的八大特征；通过分析资源型企业负担、城市经济增长、富余劳动力、生态环境、区位优势及基础设置配置等，明确目前资源型城市产业状态及存在的主要问题；在此基础上，进一步探讨产业衰退的原因，得出资源型城市未来发展必须依靠转型的结论。

第三部分：典型城市衰退产业转型实践分析及启示。通过剖析美国休斯敦、德国鲁尔、法国洛林和日本筑丰等地区

前　　言

资源型城市以自然资源的开采与利用作为发展的主要渠道，资源型产业在城市总体经济中占据较大的比重，此类城市经济的发展呈现对自然资源依赖性较强的特点。随着资源的深度开发，多数资源型城市逐渐步入成熟期或衰退期，而资源的有限性使资源主导产业出现结构失衡、经济波动幅度增大、开采成本上升、生态环境恶化等一系列问题，严重制约区域经济社会发展及城市竞争力的提升。推动产业转型是资源型城市在现实背景下的正确选择，但资源型城市对发展现状认识不充分、经验借鉴不合理、转型作用机制不明确等因素造成实践过程的复杂性及困难度逐年提升。因此，深刻认识资源型城市面临的严峻现实，充分借鉴发达国家及国内先进地区资源型城市转型的成功经验，探讨资源型城市经济社会发展演化规律，创新发展思维与模式，促进资源型城市产业结构有机调整及城市竞争格局变化，成为制定资源型城市可持续发展战略的重点依据，也是重新焕发资源型城市经济活力实现转型目标的关键。

鉴于此，本书认为科技创新是现阶段推动资源型城市实现产业转型成功的重要外部冲击力及内在动力，以此为主要突破口，通过深入探讨资源型城市转型机理，制定资源型城的产业转型模式及过程，以对比分析其资源禀赋、经济运行模式、产业转型模式、政府干预度、新兴产业扶持、产业调整及替代产业发展水平等为途径，重点突出国内资源型城市在制度环境、发展条件、转型方式选择等方面的特点及局限性。结合国内资源环境及城市产业发展实际，得到了衰退产业预警系统建立、产业转型时机识别、依托地区特点、发挥政企作用四个方面的启示，并从资源产业发展规律、宏观经济稳定运行、资源型企业生存需求、资源型城市和谐发展角度提出了产业转型的必要性。

第四部分：产业转型作用机制探讨及主导决策模型的构建。以打破原有的资源自循环机制和路径依赖为目标，分析科技创新推动资源型城市产业转型与资源型城市产业转型促进科技创新的互动发展关系；为实现要素在产业间重新优化配置，提出了市场调节与政府调控双管齐下的机制，将生命周期理论引入资源型城市产业转型时机分析，结合不同时期的特点，提出产业转型针对性策略；遵循科学的指标设置原则的前提下，从产业关联、比较优势、技术进步、可持续发展和就业能力 5 个方面建立了主导产业的选择评价指标体系，并构建产业相对有效性评价模型、产业发展潜力评价模型、产业二维优选模型，以满足主导产业决策的需求。

第五部分：资源型城市产业转型模式、路径分析及政策建议。通过对国外资源型城市产业转型模式的总结，发现有以市场为主导、以政府为主导、自由放任、产业延伸、产业更新等五种转型模式。同时以国内大庆、阜新、伊春、白银分别作为石油、煤炭、林业、有色资源 4 个资源型地区典型代表，提出可持续发展、城市工业化与农村工业化并重、比较优势与竞争优势并举、产业集聚及技术进步等原则，认为适时摆脱城市成长对资源型产业发展的路径依赖、发挥政府优势选择综合政策调整产业结构是取得产业成功转型的重要途径。最后，结合影响资源型城市转型效果的主要制约因素分析，从扶持制造业和新兴产业发展、提高资本分配及利用效率、加强技术创新、优化人力资本投资结构、完善资源开发补偿机制和生态补偿机制和提升经济开放度等建议，为实现资源型城市产业成功转型提供理论及方法参考。

作者

2016 年 4 月

目　　录

第1章 绪 论

1.1 研究背景

当前，世界经济正处在一个技术和产业迅速变动的时期。中国人均 GDP 已经达到 7600 美元（2014 年数据），总体上正处于工业化中后期，这是一个产业结构急剧变动的发展阶段，这一阶段的主要特点之一是许多传统产业正处于由成熟期向衰退期转变。在体制转轨、增长转型和结构调整"三位一体"的历史性转变趋势下，一些依托当地资源发展起来的资源型城市由于其主导产业正在以优势产业逐步转变为衰退产业，产业转型成为资源型城市可持续发展的一种必然选择。

作为空间经济体系布局的最高形式，资源型城市是区域发展中心和国民经济的主要载体。随着资源型城市地位的不断提升以及经济的快速发展，一些曾经长期支持资源型城市经济发展的产业，由于科技进步或者当地资源濒于枯竭，逐渐步入衰退产业行列。这些产业生产成本不断上升，竞争力持续下降，富余下岗人员不断增多，不仅难以支持经济发展，而且已经成为产业结构升级的障碍。衰退产业大量占有和消耗日益稀缺的土地、淡水等资源；同时，产品附加值低，污染物排放大，与资源型城市发展目标极不协调，资源型城市衰退产业转型问题亟待解决。除了当地的特有资源逐步紧缺之外，电力、土地和淡水等资源要素也出现紧缺的客观现实使各级政府深刻认识到"资源型城市实现衰退产业的转型与再生，已成为推动地区社会稳定和区域经济可持续发展的现实选择"。然而，目前我国对资源型城市衰退产业转型对策的研究和应用均滞后于现实的要求。在进行转型调整上简单实施限产、压产的政策，这些政策在短期内可以取得一定成效，但其长期的有效性令人怀疑。同时，过多运用行政手段直接干预经济运行也有悖于建立社会主义市场经济体制的宗旨。因此，为实现

"优化产业结构、走新型工业化道路"的发展战略，亟待加强资源型城市衰退产业转型的理论和对策研究，以指导资源枯竭型城市衰退产业的转型行为。

1.2 研究目的与意义

实现资源枯竭型城市衰退产业的转型是现实的和不可回避的问题，在实际操作中必须提前开始研究、思考和准备不可避免的转型，使原先被动"转型"变为预先准备的持续行为。只有这样，才能顺利实现资源型城市衰退产业的成功转型，减少转型过程中的社会成本。然而，目前我国对衰退产业转型对策的研究和应用均滞后于现实的要求。在进行转型调整上尽管出台了一些政策措施，但是成效并不明显，这些政策的短期性和局限性已经日趋明显，许多政策已经失效，或者与目前的发展环境不相融合，难以产生令人鼓舞的成效。当今社会逐步摒弃过多地运用行政手段直接干预经济运行的思路和做法，而赋予市场更大的发挥空间。20 世纪 80 年代以来，工业发达国家，尤其是欧盟国家资源枯竭型城市的产业转型实践对我国衰退产业转型有重要的借鉴价值，但也存在明显的局限性。首先，资源枯竭型城市的转型仍然是形势所迫下的被动应对，针对具体情况采取相应措施，尚未上升到主动行为的层面；其次，工业发达国家早已完成工业化，并已步入服务经济时代，衰退产业在整个国民经济中所占比重很低，凭借其经济实力、技术优势和完善的社会保障体制，实现转型的难度远小于国内解决此类问题的难度；最后，我国资源型城市衰退产业有鲜明的特殊性，面临的困难也很大，既要借鉴国外的先进经验，又要根据当地的实际情况作出选择，完全照搬国外产业转型的做法将难以奏效。

鉴于此，本书将深入研究我国资源型城市衰退产业转型的相关理论和内在运行规律，在深入分析国内外典型资源枯竭型城市转型实践做法的基础上，探讨具有中国特色的产业转型途径，确保政策保障的可行性、连续性和长效性，促进资源型城市产业结构持续升级和区域经济可持续发展。在资源型城市发展普遍乏力，接续产业又难见起色的特殊历史时期，研究成果将为政府及相关部门制定政策提供决策依据，为资源枯竭型城市产业转型采取应对措施提供理论指导和分析工具。

1.3 国内外研究文献综述

1.3.1 国外研究现状

产业是具有某种同类属性的经济活动的集合或系统，是由经济利益相互联系、具有不同分工、由各个相关行业所组成的业态总称。产业的不断衍生和发展对人类社会进步起到巨大推动作用，但是产业发展具有其内在的规律和特征，对产业的演进与转型的研究历来为国外学者所关注的焦点领域。

W. Edward Steinmueller 探讨了产业转型的根本原因，并以英国为例分析了在产业转型实践中能源资源的变化对具体产业的影响，认为在前工业时代，从 18 世纪"木材饥荒"到木炭、从木炭到煤、从煤到石油的转变，都是因为能源危机和资源短缺的结果，是导致产业转型的根本原因。Hillman 从税收等方面研究了衰退产业的援助政策，并对衰退产业的调整援助政策的贸易保护动机进行了研究分析。Thierry Giordano 认为自 2008 年金融危机后，各国在制定复苏策略的同时，更加注重产业的可持续转变，认为基础设施投资与绿色产业政策的脱节减缓了产业的可持续转变，加快这两个方面的整合会提高基础设施的灵活性和产业政策的有效性，其中创新基础设施的投资是加快产业转型的关键。R. A. Bettis 等人提出了"主导逻辑"转变的问题，主导逻辑是在主营业务或核心业务领域的长期经营过程中所逐渐形成的思维习惯和行为方式，当产业向新的方向转型时，迫切需要转变其主导逻辑。Chener认为产业结构转变是理解发展中国家与发达国家经济发展区别的一个核心变量，同时也是后发国家加快经济发展的本质要求。Walt Whitman Rostow认为产业结构变动包括两个方面：一方面，由于各产业技术进步速度不同并且在技术要求和技术吸收能力上的巨大差异导致各产业增长速度的较大差异，从而引起一国产业结构发生变化；另一方面，在一国不同的发展阶段需要由不同的主导产业来推动国家的发展，伴随着经济发展的主导产业更替直接影响到一国的生产和消费的方方面面，这在根本上对一国产业结构造成巨大冲击，因此，产业结构演进是一个经济增长对技术创新的吸收以及主导产业经济部门依次更替的过程。Peneder认为在技术进步和主导产业依次推动产业结构变迁的过程中也存在着产业生产率水平的巨大差异，投入要素从低生产率或者低生产率增长率的部门向高生产率水平或高生产率增长率的部门流动可以促进整个社会生产率水平的提高，由此带来的结构利益，维持了经济的持续增长，即产业结构转变促进经济增长的核心原因。

经济产业结构调整本质上是技术、产业不断创新，结构不断变化的过程。经济结构的变动意味着生产要素在生产部门之间的再分配。Lucas认为发达国家自工业革命以来劳动力不断地从农业部门向工业和服务业部门转移同时农业占国民经济的产值比重不断减少工业和服务业部门的产值比重不断增加。随着国家整体产业结构步入工业化中后期，此现象尤为明显。

当前对于经济增长的研究集中于产业结构的调整。现有文献集中从供给与需求的角度解释产业结构的变化。从供给角度解释产业结构变动主要是强调各部门生产技术增长率的差异。Ngai和Pissarides通过构建一个多部门经济增长模型证明CES在效用函数设定下，经济结构变动最终归结于各部门的生产技术不同技术水平高的生产部门是否最后会占优取决于消费品之间是替代还是互补。从需求的角度解释经济结构变动是以效用为基础，假设经济体中各部门技术增长率相同，把经济结构变化归结于由偏好所引致的各种产品需求收入弹性不同。Foellmi 和 Zweimuller 基于非位似偏好证明了在经济增长进程中各种产品的边际效用不呈比例变化，改变产品的边际技术替代率，导致各种产品的消费量不平衡变化，最终影响产品供应量的结构变化，由此引起经济结构变动。随着价值网络在全球分布，在各种力量博弈之下，发展中国家的产业结构并没有自然实现优化。

当今，以资源消耗和环境破坏为代价的粗放增长模式越来越不适应时代发展主旋律，资源型城市产业转型的焦点则集中在了大力推动低碳经济的发展。Steve Kardinal Jusuf 通过思考英国启用第一次工业革命时技术、经济和制度因素发挥的作用，以及"通用技术"在促进和维持后续产业转型过程中产生了重大的宏观经济收益。研究得出，实现低碳转型需要社会变化规模的工业革命，成功的低碳转型意味着一种新的工业革命。Brett A. Bryan 指出产业转型的协调发展表现在四个方面，首先是政府、科学技术、私营部门和当地社区协调发展，其次是环境限制和利益最大化协调，再次是建立创新型社会过程和社会治理协调，最后是以市场为基础和以政府为导向的协调。M. Nawaz Sharif 认为，当今世界不管是发达国家还是发展中国家，都面临着一定的经济困扰。如果想赢得未来，必须提高创新能力，以低碳发展模式替代以往高消耗、高排放的发展，并以技术创新实现高就业、出口货物的增长，经济持续增长。Vito Albinoa 通过将美国专利整合分类，得到低碳能源技术是一种趋势，揭示了不同情况下低碳对产业转型的影响。

1.3.2　国内研究现状

自我国推进市场化改革以来，学术界比较重视市场经济转型下衰退产业转型的研究，并取得了卓有成效的成果，主要集中在概念、理论、转型方法、国外经验以及对策分析等领域。

杨雪莹等根据"类内相似，类间差异"原则对四川省 70 多个产业部门进行系统分类，并利用熵值法划分产业分类，计算各个产业发展能力综合得分值，选取建筑业、煤炭开采和洗选业等主导产业，认为资源型城市产业发展因素是研究其产业转型的关键。王开盛和杜跃平认为资源型城市产业发展受资源禀赋、产业基础、产业生命周期、区位条件、人力资本、科技水平、资本水平和环境等因素影响巨大。胡礼梅认为资源枯竭型城市普遍存在的产业结构畸形、经济效益下降、企业社会负担较重、生态环境破坏、基础设施落后、城乡分布分散等问题。这些问题是推动资源城市产业转型的内在动力。任勇通过一系列实例研究，将资源型城市的产业转型划分为企业能力再造、产业区位转移、产业延伸、产业创新四种模式。肖金成认为资源型城市转型的方向有两个：一个是转型为区域性中心城市，实现城乡的合理布局；另一个是转型为功能型城市，利用自己的资源优势实现专业化生产。

另外，国内的众多学者总结了国外衰退产业转型的成功和失败的经验，对我国衰退产业转型的实践起了一定的指导作用。王光宇考察了德国鲁尔工业区的产业转型，并总结出多元化发展、利用区域资源、重视教育、加强技术培训、重视环境保护、完善现代基础设施等经验。钱勇对美国、南非、德国、乌克兰和瑙鲁等国在资源型城市产业转型方面的实践进行了简要总结，并从这些实践与研究中得出了对中国的启示。王德鲁、周敏对美国、日本和欧盟等如何对待城市衰退产业转型进行了国际比较，从衰退产业转型的政府系统援助、产业转型政策的应用、区域竞争能力的再造、人员安置与职业培训等方面，归纳出对我国城市衰退产业转型的启示。高喆分析了国内外成功转型企业的转型过程，采用案例研究与规范研究相结合的方法，探讨了产业转型中转型企业技术学习的有效模式。王德鲁通过分析国内外衰退产业转型的实例，将衰退产业转型划分为企业能力再造、产业区位转移、产业延伸和产业创新等四种模式。于妃借鉴德国鲁尔地区的成功经验，提出我国资源型城市产业转型的指导思想和基本策略，并应用数学模型对主导产业的选择问题做了定量研究。王德鲁、张米尔分析了国内外衰退产业转型的实例，并构建了衰退产业识别模型，对城市衰退产业进行筛选和分类。陈丽红以美国大都市区中心城市的产业结构转型为研究对象，循着中心城市产业结构嬗变的历史轨迹，从城市经济发展规律、技术进步、交通方式的变革及公路运输网络的完善、人口郊区化、联邦资金投入五个方面，分析了20世纪中心城市产业结构转型的原因。

白雪洁、汪海凤、闫文凯选取24个资源衰退型城市作为研究对象，采用涵盖政府科教支持跨期作用的动态SBM模型对其转型效率以及节能潜力、减排空间和政府科教支持冗余度进行评价，并利用面板Tobit模型进一步就政府科教支持对资源衰退型城市转型效率和节能减排效果的影响进行经验分析，结论表明科教支持显著提高了资源衰退型城市的转型效率和节能减排效果。另外，外资流量对其转型效率和节能减排效果有促进作用。郑伟在考察了全国69个国家认定的资源枯竭型城市后，认为经济增长缓慢、环境破坏严重、失业问题突出、社会发展落后是这些城市面临的突出问题。产业转型是资源枯竭型城市面临的必然选择。他利用偏离—份额分析法，对比9个资源枯竭型城市的经济增长和转型状况，得出城市整体转型状况较好，但是出现明显的分化。

此外，学者们还从不同角度，提出了衰退产业转型的模型。王德鲁、周敏基于产业转型中价值转化目标和形式的分析，借鉴两部门内生增长模型，引入生态因子的概念，将包含生态因素的价值增值转化为判断产业转型成功的标准。黄溶冰等从协同学理论的视角，阐释了主导产业的演替是矿业城市产业转型的序参量，设计出产业内部协同模式、产业之间协同模式、地域之间协同模式、非自然条件的协同模式等若干种战略转型模式。刘杨运用层次分析法建立了主导产业选择数学模型，对大庆产业转型的模式选择进行了比较分析。许立全、李秀生运用波特的"SWOT"理论，对处于稳步发展期的石油城市进行了相关分析，指出产业延伸模式更符合稳步发展期石油城市产业转型的实际情况。张米尔、王德鲁提出基于匹配矩阵的项目机会研究方法，认为通过评价投资主体特征与项目成功因子以及投资主体特征与项目投资机会之间的匹配度，可建立匹配矩阵，并用匹配矩阵选择投资项目。

　　在如何进行衰退产业转型的问题上，学者们也提出了自己的见解。吴奇修认为资源型城市产业转型应着眼于四个转变：产业结构要转变为多元化结构，所有制结构要转变为多种所有制并存，经营方式要转变为集约化经营，区域经济社会管理系统要打破条块分割、部门封锁，转变为一体化系统。李旭红、安树伟从东北煤炭资源枯竭型城市产业转型中面临的突出问题入手，分析了这些城市产业转型的科技需求，提出了促进煤炭资源枯竭型城市产业转型的科技对策。王晓来认为促进东北地区资源型城市产业转型和可持续发展必须适时选择和发展替代产业，多渠道解决就业问题，治理和保护环境，争取政府的支持与援助。

1.3.3　研究评述

　　综上所述，资源枯竭型城市产业转型几年来日益受到重视，国内外学者在此领域已经取得了一系列重要的研究成果，对研究城市衰退产业转型与管理具有重要的指导和借鉴价值。但需要指出的是，有关研究主要是以资源型产业为背景的，并基于国家层面进行的，对于城市这一较小的经济区域，由于受到更多的边界约束条件和影响因素的强烈作用，其产业演进具有明显的区域属性，有关的研究结论就可能失效。目前以城市经济为背景，面向企业层面的衰退产业转型的研究尚局限于具体产业转型的经验总结与交流层面。因此，从理论层面和实践层面两个角度入手，整体上把握资源型城市发展演化规律，探索资源型城市的产业转型模式，将为政府及相关部门制定政策及采取措施提供决策依据，为处于产业转型过程中的企业提供理论指导和分析工具，这在产业结构急剧变动的发展阶段具有突出的现实意义。

1.4　研究目标与内容

本书拟在理论分析和案例研究的基础上，综合运用产业组织理论、产业生态理论、产业演进理论等方法，通过中外城市衰退产业转型实践与启示的比较研究，探寻城市衰退产业转型的内在运行机制，进行城市衰退产业转型的识别分类，提出城市衰退产业转型战略及模式选择，并在此基础上提出城市衰退产业转型的相关对策，以此为政府和有关部门制定相关政策和采取措施提供决策依据、理论指导和分析工具。

研究内容主要包括七个部分：

第 1 章是绪论，主要阐述本书的研究背景、研究目的和意义、国内外研究现状以及研究方法和研究内容。

第 2 章是城市衰退产业转型研究的理论基础，主要界定产业、衰退产业和产业转型的内涵，研究区域发展理论、产业生态理论与产业演进理论等。

第 3 章是我国资源型城市产业发展现状及问题分析。探讨了资源型城市分布情况，划分了我国资源型城市发展的主要阶段，总结归纳了资源型城市的基本特征，重点分析了国内资源型城市在资源型企业、生态环境、就业等方面的问题，并就其成因进行了研究，得出了资源型城市发展必须依靠转型的结论。

第 4 章是中外城市衰退产业转型实践与启示，主要对美国休斯敦、德国鲁尔、法国洛林地区、日本筑丰地区产业转型实践进行比较分析和论述，并总结中外城市衰退产业转型的启示。

第 5 章是城市衰退产业识别与分类，主要研究城市衰退产业的识别方法、产业衰退机理，在此基础上提出衰退产业的分类，构建衰退产业识别模型，并结合实际进行应用。

第 6 章进行城市衰退产业转型战略及模式选择研究，研究信息对称情况下和信息不对称情况下城市衰退产业转型战略选择，构建城市衰退产业转型决策模型，分析城市衰退产业转型模式选择及其影响因素，并以此为例进行城市衰退产业转型模式的应用研究。

第 7 章为城市衰退产业转型的相关对策研究，主要对产业转型过程中着重把握的要点和原则，强化城市衰退产业转型的政策，构建衰退产业转型的必要社会环境，培育城市产业经济增长点，组建区域创新体系，政府在产业转型中的作用进行研究。

本书将通过以上内容的研究在以下三个方面寻求突破：

（1）通过对国内外资源型城市衰退产业转型案例的比较分析，提出对我国资源型城市衰退产业转型的启示。

（2）对"衰退产业"做出科学的概念界定，探寻城市衰退产业的衰退机理、识别方法与分类，构建衰退产业识别模型，有助于对衰退产业进行科学的分类管理和预测。

（3）通过构建城市衰退产业转型决策模型进行实证研究，并在此基础上提出城市衰退产业转型的相关对策。

1.5 研究思路、技术路线及方法

本书严格遵循"理论架构—产业转型—机理分析—对策建议"这一标准研究范式，将理论研究与实证研究相结合，注重理论演绎的规范性以及实证研究的科学性。采用的研究方法包括文献检索法、实证研究与规范研究相结合、定量分析与定性分析相结合的方法完成。

（1）通过文献检索与查阅，撰写文献综述和典型城市（企业）衰退产业转型研究案例；在城市衰退产业转型模式与时机选择、替代产业选择等专题研究中，将综合运用价值链理论、产业生态理论、博弈论以及企业资源理论等有关方法进行规范研究。

（2）在城市衰退产业的识别与分类、替代产业选择等专题研究中，将在定性分析的基础之上，采用模糊数学、时间序列分析、计量经济学等理论方法进行定量研究。

（3）在以上实证研究和规范研究的基础上，针对存在的制约因素和制度缺陷，运用机制设计理论提出相应的对策建议，探索适合我国国情的城市衰退产业转型之路。

本书的研究技术路线如图1-1所示。

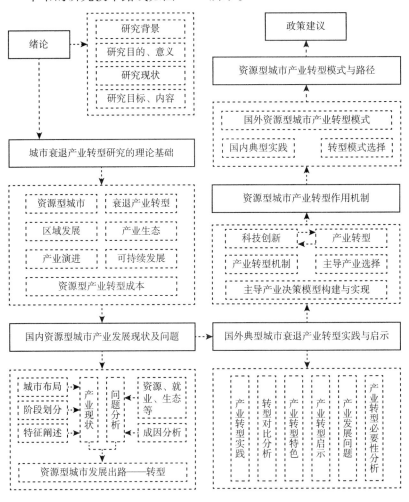

图1-1　研究技术路线

第2章 理论基础

2.1 资源型城市的界定与分类

2.1.1 资源型城市界定

资源型城市是以当地资源禀赋为依托，在自然资源的开发、经营的基础上并逐步发展起来的一类城市。一般而言，资源采掘业、原材料业及初级加工业是资源型城市的主导产业，向社会提供矿产成品、能源及其延伸加工产品。资源型产业是宏观经济的重要组成部分，在其产业结构中占主导地位，对经济社会的发展起着重要的支撑作用。

就资源型城市的界定问题，学术界目前还没有明确的定论，不同学者从不同的视角对资源型城市进行了界定。

定义一：资源型城市是指以向社会提供矿产品及其初级加工品等资源型产品为主要功能或重要功能的一类城市。

定义二：资源型城市是指本地资源开采业产值或资源开采业职工数分别占本地区总产值和本地区全部职工总数的 10% 以上的城市。

定义三：资源型城市是一种特殊类型的城市，是以围绕资源开发而建立采掘业和初级加工业为主导产业，依附资源开发而兴建发展起来的城市。

定义四：以经济社会指标为视角提出界定资源型城市的标准。以1999 年的指标作为界定基准，①地市级资源业产值在 1 亿元以上，县、镇级在 4500 万元以上；②资源业产值占 GDP 的比重在 5% 以上；③从事资源业的人员超过 6000 人。符合以上任一指标即可入选资源型城市的行列，此外，著名的传统的资源型城市、发展势头迅猛的新型资源型城市、大量统计数据明显漏列的资源型城市，虽然不符合上述三项指标，也予以特别保留。

借鉴已有的研究成果，笔者将资源型城市界定为：

资源型城市的兴起与发展伴随着自然资源的开发利用，其支柱产业是自然资源开采和资源初加工业，且资源型产业的产值占城市总产值的 20％以上，或者资源型产业从业人数占城市总从业人数的 20％以上，这样的城市称为资源型城市。

资源型城市是以自然资源的开发与供给为主要城市职能的城市，是专门化职能城市的一个重要类别，它的形成与发展，以优势资源开发为开端，使劳动力和其他配置设施处于高度空间聚集，形成了资源型城镇雏形。由于资源型城镇的形成与发展对当地资源的依赖具有特殊性，受资源储量的限制和耗竭速度的影响，其独特的发展特点和规律表现得淋漓尽致。资源型产业在城市经济中的主导与支柱地位使资源型经济特色突出，其在区域分工体系中明显依靠资源交易。资源型城市，特别是其中的矿业城市，对支撑和促进我国国民经济的发展有着重要地位，起着关键性作用。

2.1.2　资源型城市分类

我国众多资源型城市发展壮大大多是以开发能源、钢铁、有色金属、非金属、化工、森林等资源为主。按照形成途径划分，我国资源型城市分为两类：一类是在行政建制已有的城镇范围内，因资源开采而形成以资源型产业为主推动城市经济快速发展的城市，如大同、阳泉等；另一类是在先前并没有行政建制或人口集聚的城市，由于开采自然资源形成并发展较快的城市，如大庆、白银。

由于对资源型城市概念认识的不同及界定标准的不同，国内学者对界定我国资源型城市的数量存在着较大差距。借鉴 2002 年国家计委宏观经济研究院的研究成果，结合定性、定量分析的方法对我国城市进行评定，得出 5 大类 118 个我国资源型城市的结论。其中，黑龙江 13 个，山西 11 个；吉林、内蒙古、山东、河南、辽宁分别 7 ~ 10个。东北三省约占全国的 1/4，合计 30 个。资源型城市的类型及数量详见表2.1。

表2.1　　　　　　　　　我国资源型城市类型及占比

类型	数量	比重（%）
煤炭城市	63	53
森林城市	21	18
有色冶金城市	12	10
石油城市	9	8
黑色冶金城市	8	7
其他	5	4

　　基于前述资料，根据采掘业产值（县级市超过 1 亿元，地级市超过 2 亿元）、采掘业产值占工业总产值的比重（20% 以上）、采掘业从业人数（县级市超过 1 万人，地级市超过 2 万人）、采掘业从业人员占全部从业人员的比重（15% 以上）等 4 个指标，同时加入其他相关因素进行综合考虑，界定典型资源型城市，共计 60 座。其中，山西省 8 个；黑龙江省、辽宁省、内蒙古自治区各 7 个，吉林省有 6 个。东北三省合计 20 个，约占全国 1/3。资源型城市类型的比例详见表2.2。

表2.2　　　　　　　　典型资源型城市的类型及比重

类型	数量	比重（%）
煤炭城市	31	50
森林城市	10	17
有色冶金城市	3	5
石油城市	8	13
黑色冶金城市	3	5

2.1.3　资源枯竭型城市

　　"资源枯竭"按字面上来理解是指资源被耗尽，可用资源已经没有。事实上，这种认识对资源型城市来说是片面的。资源枯竭包括以下几个方面的含义：

（1）资源真正枯竭，即主体资源采掘作为建设资源型城市的主要因素已经进入后期、晚期、末期，已探明的可采资源储量 70％以上被采掘，采掘时间已超过设计年限的 3/4，如甘肃白银就属于这类城市。

（2）由于资源型城市矿山已经采掘多年，矿产资源质量下降，资源采掘成本大大提高，甚至高于市场售价，导致采掘主体资源失去生产意义。

（3）寻求新型的、非常规的替代资源，是解决人类矿产资源短缺的崭新思路，也是新兴产业崛起的需求。一方面，矿产资源是不可再生的，传统矿产资源将随其不断消费而枯竭；另一方面，新兴产业的崛起又提出了新型矿物原料的要求，并且将随着经济结构的调整而越来越迫切。因此，不断开拓新型的、非常规的替代资源势在必行。出现了新资源替代现有主导资源，现有主导资源产业丧失其市场竞争力，导致主导资源出现"假枯竭"现象。

（4）由于技术、经济、投入等原因资源量没有勘查清楚，主体资源已经耗尽却没有找到主体资源，如甘肃玉门，这种情况只需要投入必要的工作量或采取新的体制机制就会有新的突破。

（5）资源储量尚存，但出于政治、地理和经济的约束，勘探开采工作暂时不宜进行，如辽宁抚顺。

综上所述，资源型城市的"资源枯竭"是具有多层次、复杂的综合体，明确其"枯竭"的真正原因，才能针对其真实存在状态、发展方向、转型对策等方面有一个确切的把握。

事实上，目前真正面临资源枯竭威胁的城市毕竟只是少数。基于上述不同定义，本书对资源枯竭型城市做如下界定：

资源型枯竭型城市是指城市其依托建设的主体资源开发采掘进入后期或末期，已探明的可采资源储量 70％以上被采掘，采掘时间已

超过设计年限 3/4 的资源型城市。

根据国家计委宏观经济研究院课题组的研究结果对 118 座城市进行筛选，列举出代表性的资源枯竭型城市（见表 2.3）。

表 2.3　　　　　　　　　中国典型资源枯竭型城市

省（自治区）	城市	省（自治区）	城市
黑龙江	鸡西、鹤岗	辽宁	阜新、北票、抚顺
甘肃	玉门、白银	云南	东川
江西	萍乡	河南	鹤壁、焦作
湖南	临湘	安徽	淮南、铜陵
新疆	克拉玛依	山西	大同

2.2　衰退产业转型理论

当前全球经济发展的主要特征是技术进步推动产业结构调整的步伐越来越快，产业的兴衰交替日益成为普遍的经济现象。一些曾经长期支撑区域经济发展的传统产业逐步进入衰退期，主要表现在市场开拓乏力，资源濒临枯竭，生产成本不断上升，竞争力不断下降，成为区域经济发展的"瓶颈"。实现产业转型与再生，成为推动地区社会稳定和经济可持续发展的现实选择。产业永恒是不存在的，替代或"转型"是必然的。不同的只是要么积极推动新兴产业取而代之，要么被动地被新兴产业"逼出"历史舞台。

2.2.1　产业界定

产业是国民经济中具有同一性质，承担一定社会经济功能的生产或其他经济社会活动单元构成的，具有相当规模和社会影响的组织结构体系。

　　在经济研究中，从分类的角度看，"产业"是一个相当模糊的概念。在英文中，"产业"、"工业"、"行业"等都可以称"Industry"，比汉语中的概念更为模糊。因此，对不同目的的研究，必须给"产业"以特定的定义。

　　"产业"是由提供相近商品或服务、在相同或相关价值链上活动的企业共同构成的。具有某类共同特性是将企业划分为不同产业的基准。

　　产业组织理论中的"产业"界定是服从于企业市场关系的分析需要，选择"生产同类或有密切替代关系的产品或服务"这一特性，作为划分不同企业的"产业"归属的基准。在这种情况下，"产业"应指"生产同类或有密切替代关系的产品或服务的企业集合"。

　　产业结构理论中"产业"的界定是服从于社会再生产过程中大类部门之间、制造业各工业行业之间以及行业内各中间产品之间的均衡状态的分析需要。从产业经济学产生的背景看，是在微观经济理论和宏观经济理论的某种程度的"失灵"，对市场经济中无法回避的现实问题不能做出解释的情况下，才产生这种分析需要的。在这种情况下，新产生的产业经济理论将经济分析深入社会生产、再生产过程内部，分析各种具体生产与具体需求之间、中间需求与中间供给之间、最终需求与最终供给之间，以及各部门之间的"结构"均衡状态中，来寻找总量失衡的具体原因。正是这种"结构"分析需要，才将各企业按一定特性划分成"产业"。

　　出于这种分析需要，必然选择"具有使用相同原材料或相同生产技术、工艺，或相同产品用途"这一特性，作为划分不同企业的"产业"归属的准则。因此，这里的"产业"应指具有使用相同原材料、相同工艺技术或生产产品用途相同的企业的集合。

　　总之，产业作为产业经济学的研究对象，是指具有某类特性的企业的集合或系统。而产业究竟由哪些特性的企业来集合，这要服从于经济分析的需要。因此，产业的划分很难说出前后一贯的分类原则。

一般地说，产业组织中的"产业"，是以提供具有密切替代关系的产品或服务为准则，来划分不同企业的产业归属。"产业"范围相对较小，仅指生产具有密切替代关系的产品和服务的企业群。产业结构中的"产业"则着眼于企业的不同原材料、生产工艺技术、产品用途并以此为准则，将其划入不同产业。产业结构中的"产业"概念有较大的伸缩性，既可以是较广义的概念，如第一次产业、第二次产业、第三次产业，也可以是较狭义的概念，如石油产业、机械产业等。

本书所讨论的产业转型问题中的产业，更接近产业结构理论对产业的界定，并且是狭义的产业概念。例如，资源型产业转型研究的对象是以资源的开采和初加工为主的产业，包括石油产业、煤炭产业和钢铁产业等。

2.2.2 衰退产业

衰退产业的定义很多，有代表性的定义包括迈克尔·波特、亚瑟·伯恩斯、毛林根等三位学者的观点。其中，迈克尔·波特教授认为在持续的一段时间里产品的销售量绝对下降的产业是衰退产业。而亚瑟·伯恩斯认为产业的增长百分率随着产业年龄的增长而趋于下降的产业是衰退产业。国内学者毛林根则认为增长出现有规则减速的老化产业部门是衰退产业。第一种定义的关键词是"产品销售量"，第二种定义的关键词是"产业的增长百分率"，第三种定义的关键词是"产业的增长"。从这三种定义的关键词可以发现，这些学者都是从产业供给下降的角度来定义衰退产业，而且认为产业供给的下降（侧面反映需求的下降）是产业衰退的主要原因。我们根据产业演化逻辑得知，产业出现衰退的本质原因是由于供给与需求共同决定的市场容量的下降。因此，笔者认为衰退产业应该定义为：在正常情况下，某一国家或区域的某一产业产品市场容量在一段较长时期内持续下降或停滞的产业。这一定义中有两个关键点：第一是市场容量的变化是产业出现衰退的本质原因；第二是讨论衰退产业必须有一定的地域限制，可以是一个国家或一个地区。

衰退产业定义的关键词是市场容量，而市场容量的变化主要受需求和供给两个方面影响，其中供给方面可以细化为比较优势和技术两个因素，因此可以将衰退产业划分为需求型衰退产业和供给型衰退产业，供给型衰退产业又可以划分为比较优势型衰退产业和技术型衰退产业。这样划分的意义是从衰退的根本成因入手来制定战略使企业衰退延缓或走出衰退可以使战略更具可操作性和系统性。另外，尽管产业进入衰退是需求与供给共同决定的，这两个因素难以严格区分，使这种划分方式看似缺乏实际意义。但是，产业进入衰退一般总是有一个主要成因（当成因都为主要成因时，可以将相应战略结合使用），这些战略之间差别是比较明显的，所以这样分类在理论上和实际操作上都是有价值的。

经济学或产业经济学没有对衰退产业作出严格的定义，只是对衰退产业的特征或衰退的原因进行了描述。如国际权威性的经济学辞典《新帕尔格雷夫经济学大辞典》中的"衰退（落）产业"条款只对造成产业衰退的原因进行了简单描述。国内的产业经济学辞典也未对其进行定义。我国有的学者将衰退定义为"增长出现有规则减速的老化产业部门。"亚瑟·伯恩斯将产业衰退描述为"产业的增长百分率随着年龄的增长而趋于下降。"企业战略专家波特教授从战略分析的角度，将衰退产业定义为"在持续的一段时间里产品销售量绝对下降的产业。"上述各种对衰退产业的定义有不完全之处，并且难以用于对产业的实际评判。为了合理定义衰退产业这一概念，首先应当理解衰退产业的基本特征。衰退产业的最基本特征是产品需求增长减速或停滞，并不能简单理解为销售量绝对下降。当然销售量绝对下降的产业无疑是衰退产业。但衰退产业是从增长率变动来划分的产业类型，因而其评判应该是增长率。衰退产业的另一个主要特征就是它的强烈的时空局限性，即它是针对一定的地区和特定时期而言的。

鉴于此，笔者把衰退产业定义为：

在正常情况下，一个国家或地区的某一个产业产品的需求增长率在较长时期内持续下降或停滞的产业。

当然一个在总体上衰退的产业的某些部分或子产业仍然具有活力，即所谓老树生新枝。认定一个产业是衰退产业，不等于说这个产业会消失。一个衰退的产业并非必定导致厂商的衰落。在一个时期衰退了的产业在另一时期也可能复苏，在一个国家或地区衰退的产业并非必定是其他国家或地区的衰退产业。

衰退产业的上述定义可用来判定某一产业是否发生衰退。另外，还可以从以下方面进行识别：首先，从产业在国民经济中的地位来看，衰退产业产品是传统产品，其产业所提供的产值在 GDP 中的比重有下降趋势，即使有的产业的产品在国民经济中仍具有不可替代性，但产品需求量长期处于下降趋势。其次，产业利润率持续下降也是衰退产业的特征之一。因为衰退产业中生产能力过剩、需求不足使企业竞相压价（垄断产业除外），最终导致产品价格小于边际成本甚至平均成本的恶性竞争可能发生，过度竞争必然使产业利润率下降甚至出现行业性亏损。最后，从产业组织演化的角度来看，垂直一体化也是衰退产业的特征之一。因为在产业的衰退期，随着市场和生产规模的萎缩，在产业成长期由企业内部分工分化为社会分工的产业链的各环节只得"重返"娘家，社会分工又转化为企业内部分工，即斯密定理所讲的"市场容量限制劳动分工"。

当然，具有某些上述特征的产业并不一定就是衰退产业，尤其在市场机制扭曲时更是如此。如受政策管制或经济周期的影响也会导致产业出现上述衰退的特征，引起某些产业的增长减速，但这本质上不属于衰退产业，不是产业生命周期的"自然"老化。

2.2.3 产业转型

产业转型是经济转型的一个重要内容。经济转型是 20 世纪末期使用最广泛、内涵最多的一个概念。国内外专家对经济转型的理解也有所不同，在国内，不少经济学者、尤其是从事制度经济学研究的学者，通常认为经济转型是指经济体制转型、特别是指由计划经济体制到市场经济体制的转变。国内也有学者认为"经济转型是指技术转型、产业转型、增长方式转型、金融及经济体制转型的合成变动，这种转型是一种整个经济结构的提升，至少是支柱产业的替换，因而是一种阶段性的质变或飞跃"。而在西方市场经济国家中，制度转换在经济转型中的成分是很少的，经济转型主要指产出结构及档次、就业结构和技术结构等的变动。换句话说，西方经济学中的经济转型，在相当程度上是指以产业结构和组织变动为主的产业转型。

产业转型着眼于产业演进和发展的供求因素，包含着产出结构、技术结构和产业组织的变动、调整和优化，如高附加值导向的产出结构转型、高新技术导向的技术结构转型以及规模经济导向的产业组织转型等。

本书中所研究的产业转型问题，是限定于一定区域内的产业转型，如资源型城市的主导产业的转型问题。

2.3 区域发展理论

2.3.1 产业布局理论

1909 年，德国经济学家韦伯（A. Weber）继承了杜能（J. H. Thunen）用最低生产成本原则来分析产业配置的区域选择思路，创立了工业区位理论，研究了运输费用、劳动力费用和聚集因素对工业企业区位的影响。与杜能不同，韦伯在运输费用之外还增加了劳动力费用和聚集因素，认为它们将对工业的区域配置产生重要影响。韦伯奠定了区位理论的基础，但他的研究尚属局部均衡分析，仅考虑运输费用、劳动力费用和聚集因素的分析模型也过于简化。

最小区位生产成本并不能最终确定企业在一区域的配置，其后的研究基本上是围绕着成本和市场因素的综合分析展开的。艾萨德（W. Isard）指出，合理的产业区域配置应取决于多种区位因素的影响，这种多因素分析不仅要对成本和市场因素进行综合分析，而且要对影响成本和市场的内在因素进行分析。奥林（B. Ohlin）从产业地域分工论的角度，分析了为什么不同区域在某种商品的生产上具有比较优势，提出了生产要素禀赋学说。其理论研究了成本和市场两个方面诸多因素对生产要素价格的影响，并以此为基础推导出生产要素禀赋理论，即同种商品在不同区域内生产函数不变的情况下，比较优势的产生是由于各个区域生产要素禀赋不同和不同商品生产需要不同的生产要素组合比例。那么，一个区域与其他区域相比，如较多地使用相对丰富的生产要素进行商品生产，便具有比较优势。比较优势法则决定了一个区域应生产和输出本区具有丰裕而低廉的生产要素的商品，而输入需要稀缺而高价的生产要素的商品，由此便会形成合理的区域分工，使不同区域的资源、劳动力和资本得到最有效的利用，从而提高劳动生产率，增加社会财富。

在奥林的理论中，生产要素的概念并不包括技术要素。第二次世界大战之后，技术进步成为经济发展的主要因素之一，因此，人们逐渐把技术因素引入生产要素禀赋学说中，其中代表之一是弗农（R. Vernon）的产品生命周期理论及其在地域分工上的应用。在其理论中，技术要素被视为区域的创新能力。弗农认为，产品的生命周期，大体上可分为创新期、成熟期和衰老期三个阶段。随着产品周期阶段的更替，地域分工会发生相应的变化。这一理论揭示了由于区域之间技术要素的差异，会使不同的区域在产品生产的不同周期阶段实行专业化生产：技术要素丰富的区域，往往在商品生命周期的创新期和成长期实行专业化生产；而技术要素不足的区域，则往往在商品的衰退期进行专业化。弗农的理论拓展了比较优势和要素禀赋学说的范畴，表明了区域生产要素不仅包括资本与劳动，而且还包括技术要素，它们共同决定产业的区域配置。

苏联学者以马克思的劳动地域分工理论和社会再生产理论为指导，同时也借鉴了一些西方区域经济学的研究方法，开展了计划经济条件下社会稀缺资源实现有计划按比例的空间配置为中心内容的区域经济学的研究。在实践中逐步创立了以经济区理论、地域生产综合体理论和生产力平衡布局理论为核心的理论体系，对指导社会主义国家区域经济发展起到了重要作用。其中，地域生产综合体理论是苏联学者在产业布局领域取得的突出成就，这是关于在一定地域是以一定的专业化部门为核心，能够充分发挥专业化部门在整个地域的生产联系的生产地域经济体系的形成机制与过程的理论，专业化部门是指具有全国意义和影响能够与区域以外其他区域的产业发展紧密联系的产业部门。地域生产综合体是一定区域上协同配置的，能提供国民经济效益的一些企业相互制约的跨部门的组合。苏联在20世纪50年代将其作为重要的生产地域组织形式，这对我国资源型城市的建设也产生了重要的影响。

地域生产综合体在苏联计划体制下的应用取得了明显的效果。一方面，地域生产综合体通过生产和生活性基础设施的集中布局，节约了大量的建设投资，促进了苏联燃料动力和原材料工业的发展，在苏联经济增长过程中发挥了很大作用，地域生产综合体的发展为苏联重工业发展打下了坚实基础；另一方面，苏联地域生产综合体的建设重点集中在其亚洲部分，促进了区域经济的协调发展和生产力合理布局。但是，地域生产综合体作为计划经济的典型产物，也存在明显的缺陷，突出表现在部门结构不完整、不协调的问题。由于地域生产综合体主要着眼于那些服务于区域之间的专业化部门的重点建设，结果使其他生产服务部门发展滞后，造成综合发展不足的现象。此外，地域生产综合体的规划需要建立复杂的经济数学模型，但由于信息的不完备、相互作用的复杂性等原因，模型建立十分困难或者出现较大偏差，因而，地域生产综合体的兴建依旧服从于行政命令，造成事先计划上的困难以及计划与执行上的脱节归根结底源于计划体制本身的弊端。

2.3.2 区域不平衡发展理论

区域均衡增长模型曾在区域发展分析中占有统治地位，在假定规模报酬差异一定的条件下，区域经济的增长主要由资本、劳动、技术进步三项要素的增长引起。只要存在完全竞争的市场，劳动将由低工资区域流向高工资区域，资本则将从高工资区域流向低工资区域，资本与劳动的自由流动最终将导致区域差距缩小，使区域经济均衡增长。但是，人们发现建立在要素完全流动性和市场机制理想化假设基础之上的主流经济模型并不能圆满地解释客观存在的各种区域经济问题，尤其是世界各国内部长期存在的区域差别。同时，人们也意识到现代经济发展不能忽视空间因素的影响和空间关系的变化。于是，一些经济学家开始从空间的角度来研究经济增长规律，并试图把空间维融合到主流经济学理论的框架之内。因此，20世纪50年代以来，先后出现了以区域经济不平衡发展为核心的一系列理论，并逐渐占据了区域发展理论的主导地位。

1945年，法国经济学家佩鲁（F. Ferrous）提出了增长极理论，指出经济增长并非同时出现在所有地方，它以不同的强度首先出现在一些增长极上。增长极的形成关键在于有创新能力的企业存在，这些企业引进新的生产方式，开辟新的市场，建立新的企业组织，从而具有旺盛的生命力。这些企业往往处于支配地位，并使其所在的产业部门成为推进部门。在经济聚集效应作用推动下，具有创新能力的企业常常在某些地区或大城市聚集和发展，并使这些地区或城市成为经济活动的中心而具有支配和创新的特征。增长极恰似磁极一样能够产生吸引辐射作用，促进自身并推动其他部门和地区的经济增长。佩鲁提出的增长极理论，最初基本上是部门增长极理论。

后来，布代维尔（J. R. Boudeville）把佩鲁的增长极理论发展到解释区域空间结构的形成，从而提出了区域增长极概念。他认为，区域增长极是位于城市地区的一组扩张中的、诱导其控制地区经济活动进一步发展的产业，创新主要集中在城市的主导产业中，主导产业群所在的城市就构成一个增长极，并通过扩散效应带动其腹地的发展。不同规模的中心城市构成增长极的等级体系。这样，不同等级的增长极与其腹地构成地域空间最基本的结构单元。这种核心—腹地结构单元的形成是区域经济非均衡增长所导致的，处于核心地位的中心城市对整个区域经济具有支配作用。

1957 年，缪尔达尔（K. G. Myrdal）提出了循环积累因果理论，此理论运用回流效应和扩散效应的概念解释区域经济发展的不平衡。所谓回流效应是指某些地区的经济发展会引起另一些地区的经济衰落；所谓扩散效应是指某一地区的经济发展后，会逐渐形成一个经济中心，由此促进此地区及周围地区的经济发展。在工业化时期，现代主导产业部门可能在少数社会经济条件优越的区位或增长极率先生长发育，而区域性增长极的形成是通过回流效应得以完成的。赫希曼（Hirschman，A. O.）进一步指出，发展确实是按照主导部门带动其他部门增长，由一个行业引发另一个行业增长的方式进行的，即两个不同时点上形成的两幅静止的图像所显示的平衡增长，是一些部门追随某一部门一系列不均衡发展的最终结果。为了论证这一观点，赫希曼提出了产业关联效应概念，即前向关联效应和后向关联效应，用以说明国民经济中一个产业部门的发展会诱使其他产业部门发展的作用过程。

区域不平衡发展理论对我国产生了很大的影响，我国理论界提出了多种发展模式，一个共同的基本认识是区域经济发展的不平衡性是我国现阶段，乃至相当长的时期经济增长过程中不可回避的客观事实。在我国区域经济发展中，特别是改革开放以来，一个应用广泛并且产生重大影响的理论是"梯度推进论"。梯度推进过程是在区域发展中产生的回流效应、扩散效应共同作用的结果，既产生经济向高梯度地区进一步集中，对周围地区起支配和吸引作用，又带动周边地区的经济发展，但也造成地区间两极分化。

改革开放以来，梯度推进理论被引入我国经济发展的总体布局和区域经济研究中。不少学者把我国划分为东、中、西部三大地带，主张发展的战略重点逐步由东到西梯度推进。我国在"七五"计划报告中首次正式提出将我国经济发展区域按东、中、西三大地带划分，重点突出沿海地区的加速发展，这正体现了梯度推进的战略思想。梯度推进理论与模式打破了过去计划经济体制下片面遵循平衡布局的传统模式，将经济不平衡发展规律作为制定经济发展战略的出发点，使有限的资金和人力、物力、科技、资源得到了有效的利用，促进了东部沿海地区经济的优先发展，对中国工业化进程和经济发展做出了一定的贡献。但在实施中，梯度推进战略也产生不少问题，突出表现在进一步扩大了东部和中、西部的差距，过分倾斜于加工工业，使整个经济缺乏后劲，进而加剧比例失调等。

近年来，针对梯度推进理论的缺陷已有不少批评和反思。例如，厉以宁等人认为，通过梯度推进达到共同富裕的计划难以实现，这是因为不可能强行规定地区之间的带动强度，企业决策者必然也要根据自身的利益和实际条件做出决策。就技术创新范围来看，只要此地区人力和财力等具备，均可以实行超越发展，并且反过来可以向二级梯度地区、甚至一级梯度地区进行反梯度推进。如果人为地限定按梯度推进，其结果便不利于落后地区的开发建设，不仅使低梯度地区在某些方面永远赶不上高梯度地区，而且由于地区经济之间的相互联动性，也不利于高梯度地区和整体国民经济的发展。胡兆量认为，实际上均质的区域是不存在的，每一个区域都有内部差异，区域开发不可能像"卷地毯"那样平面推进。

2.3.3　区域发展理论新进展

传统的产业布局理论和区域不平衡发展理论对各国的区域政策产生了重要的影响，很多国家采取对大型项目的投资，以及在本地资源优势的基础上选择和发展主导产业等途径以期产生足够的扩散效应，达到缩小地区差异、实现共同发展的目标。但是，这些区域发展政策在各国实施多年并未达到预期的效果。另外，传统的区域发展政策不重视从根本上调整区域的产业结构，单纯依赖外来资本以及本地自然资源禀赋等做法可能造成脆弱的区域经济。这导致了对传统区域发展理论的批评和反思，20 世纪 80 年代以来，技术进步日益成为推动经济发展的主要动力，尤其是高技术已成为影响产业结构变化和区域竞争格局的重要因素，很多国家和地区都在探寻以知识和技术为本的区域发展战略。因此，在新技术革命向纵深发展的形势下，对区域发展问题的分析需要强调技术创新的因素，转向探索基于技术和知识的区域发展理论。

1973 年的石油危机和随后的经济衰退催生了新的区域发展理论，在西方发达国家传统制造业地域面临严重衰退的背景下，美国的硅谷以及意大利、德国、法国等欧洲国家的某些地区，出现了与大势相左的良好态势，引起了世界的关注。这些地区的产业不但有集成电路、软件、通信设备等高技术产业，还包括纺织、服装、陶瓷、机械等传统产业。其共同特征都是存在专业化的中小企业集群，这些地区大量的中小企业彼此间发展了高效的竞争与合作关系，形成高度灵活的专业化生产协作网络。其合作不仅有正式的合同方式，还包括非正式的信息交流，这有利于交流隐含知识的传播，知识分为隐含知识和显性知识两类，隐含知识是在实践中感觉、领悟，通过直觉洞察而来的知识，难以从书本、媒体和正规教育中获得，非正式交流是隐含知识传播的重要途径。许多有益的经验和最新的知识是以隐含知识或者介于隐含知识和显性知识之间的知识，企业之间相互依赖，共享资源，使区域成为有利于学习和知识溢出的环境，正是这种有效的合作网络产生了一种内生发展动力，使中小企业成为地区经济的支柱，依靠不竭的创新能力保持了地方产业的竞争优势，推动当地经济迅速增长。

这类地区被称为新产业区，新产业区的重要标志是区内小企业密集，企业间形成稳定的合作网络以及企业扎根于本地文化的性质。新产业区学派认为，在一个高度变动的市场环境下，本地化的生产协作网络存在降低社会交易成本和保护合作的因素，因此有利于提高企业的创新能力和适应性。在对增长极等区域政策工具进行反思的基础上，新产业区学派研究区域的技术能力，包括创新能力和吸收技术的能力，并研究地区的创新政策和创新环境等问题。此学派超越了过去那种在自然资源和优越的地理位置条件下才能获得区域发展的认识，认为工业化的空间形态是由工业发展的内在动力产生的，工业化过程孕育着工业区域。马库森（A. Markusen）将美国、日本、韩国和巴西等国经济增长明显高于全国平均水平的区域分为四种典型的类型，其中的马歇尔式工业区和欧洲的新产业区相对应。因成功预言亚洲金融危机而出名的克鲁格曼（P. Krugman）认为，区域内企业之间的相互依赖已超越了自然禀赋，成为决定区域产业活力的关键。

20世纪80年代以来，国内学者开始关注浙江、北京、广东等省市出现的中小企业集聚区域。王缉慈等以北京中关村、广东东莞等地为研究对象，对我国新产业区的概念及发展中的问题进行了深入的探讨，认为在灵活性很强的新技术时代，世界经济可以看作由专业化生产区域拼合而成的。在专业化生产区域，尤其是高技术产业区域，相关工业活动集聚在一起，从而减少交易费用，增强集聚经济，并提出新产业区发展的建议。卓勇良以浙江省为研究对象，对1978～1998

年以来的产业集聚的形成与发展进行了深入的实证研究，突出强调了制度变迁在产业聚集中的作用。

新产业区学派主要通过实证研究得出的结论被微观经济学的规范研究所证实。杨小凯等人通过微观经济模型分析表明，交易效率的足够改进导致劳动生产率的进展、专业化水平和分工水平的提高以及专业部门数目的增加。如果交易效率或专业化经济程度极低，则均衡为自给自足。如果交易效率和专业化经济程度足够大，则均衡为极度专业化。如果交易效率和专业化经济程度处于两个临界值之间，则均衡分工水平随着交易效率和专业化经济程度的提高而提高。人均真实收入随交易效率的提高而提高。当交易双方间的距离 S 足够小时，专业化经济的增长会引起均衡从自给自足演进为生产和交易的完全分工。当 S 足够大时，无论专业化报酬如何增长，均衡总是自给自足。当 S 为中间值时，专业化经济的增长将使均衡从自给自足演进为生产和交易的部分分工。当产业演进时，偏好参数和专业化经济程度比较大的产品将先于其他商品进行交易。当专业化经济足够大时，城市化将使此经济体先从自给自足转向部分分工，然后转向完全分工。这一过程将使更多的产品进入分工，进入市场，并提高人均真实收入。这一结论指出贸易产品种数取决于绝对专业化经济程度和交易双方间的平均距离，而贸易产品构成则取决于相对专业化经济程度和对各种产品的相对偏好。这一贸易模式理论与新古典贸易理论中的相应部分不同，因为新古典理论讨论的是贸易模式与外生比较优势之间的关系，而杨小凯等人的理论讨论的是，没有外生比较优势时贸易模式与影响经济组织的参数之间的关系。奥林生产要素禀赋理论预言，劳力较其贸易伙伴为多的国家会出口劳动密集产品以交换资本密集产品。但杨小凯等人的研究表明，当没有外生比较优势时，专业化经济程度较高的或较受欢迎的产品比其他产品更有可能成交。专业化经济程度的提高和交易双方间距离的减小将造成分工和生产力的"起飞"。

1990 年，波特（M. E. Porter）提出了国家竞争优势理论。作为管理学家的波特更重视的是企业的管理和战略行为的作用，他在《竞争战略》中提出了企业获取竞争优势的三种战略，即成本领先战略、差别化战略、目标集聚战略；在《竞争优势》中，他创立了价值链理论，认为企业竞争优势的关键来源是价值链的不同；在《国家竞争优势》一书中，波特深入分析一国在某个特定的产业获得了长久国际竞争力的原因。他认为，在当代国际贸易中，许多发达国家的出口高度集中在少数成功产业上。如日本的消费电子业，意大利的毛纺、皮革制品、金属珠宝业，德国的化工、汽车业，美国的商用飞机和计算机产业。波特认为，这要从当地企业所处的独特竞争环境来寻找答案。

波特提出国家竞争优势理论是有着深刻的时代背景的。20 世纪 80 年代美国的一些传统支柱产业，如汽车制造业，竞争力被日本和西欧国家所超过；在一些新兴产业也受到这些国家的强大竞争压力。如何提高国际竞争力是当时美国学术界、产业界、政府部门需要解决的一个紧迫问题。此外，经济全球化进程的加快使国际竞争日趋激烈，获取竞争优势成为一个现实的需求。波特的国家竞争优势理论反映了时代需要，理论包括四个方面的因素：要素条件，包括一国的人力资源、自然禀赋、知识资源、资本资源和基础设施等；本国需求条件，包括本国需求结构、规模、成长率、购买者压力及需求的国际化；相关和支持产业，包括上游供给产业及其他相关产业的国际竞争力；企业战略、结构与竞争程度，包括企业的目标与组织管理方式、竞争激烈程度、创新与企业家才能等。波特认为这四方面的因素相互影响、相互加强，共同构成一个动态的激励创新的竞争环境，由此产生具有一流国际竞争力的成功产业（见图 2-1）。

20 世纪 90 年代以来，波特对他的竞争优势理论作了进一步的发展。1998 年波特提出了产业群（Cluster）概念，并把相关理论称为新竞争经济学。产业群是指在特定地域一些相互关联的企业和机构空间上集中的现象。通常一个产业群内，既有主导产业企业，又有为主

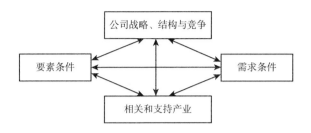

图 2 - 1　国家竞争优势的决定因素

导产业提供配套服务的其他产业企业和机构。从垂直关系来说，包括提供专业化投入的上游企业，如零部件、机械设备、服务，以及下游的分销渠道与顾客。从横向关系来说，包括提供互补产品的制造商，或有相关技能、技术和共同投入的属于其他产业的公司。此外，还包括政府和其他提供专业化培训、教育、研究与技术支持的机构。产业群是将介于市场和等级制之间的新组织形式。相对于市场交易中随机的买卖双方，空间上接近的企业和机构间更容易建立信任和协调的关系。产业群在减小市场的不确定性的同时，还避免了等级制的管理问题，这意味着在效率和灵活性方面具有优势，产业聚集还会产生学习与创新效应，产业聚集是培育企业学习能力与创新能力的温床。企业彼此接近，竞争激烈的压力，迫使企业不断进行技术创新和组织管理创新。一家企业的知识创新很容易外溢到区内的其他企业，因为这些企业通过实地参观访问和经常性地面对面的交流，能够较快地学习到新的知识和技术。这种创新的外部效应是产业聚集获得竞争优势的一个重要原因。此外，产业聚集也刺激了企业家才能的培育和新企业的不断诞生，由此产生一个优势产业群。

2.4　产业生态理论

　　产业转型的方法论基础之一是产业生态学，它是一门研究社会生产活动中自然资源从源、流到汇的全代谢过程，组织管理体制以及生产、消费、调控行为的动力学机制、控制论方法及其与生命支持系统相互关系的系统科学，被列为美国21世纪环境研究的优先学科。产业生态学起源于20世纪80年代末，Frosch等人模拟生物新陈代谢和生态系统循环再生过程所开展的"工业代谢"研究。他们认为现代工业生产是一个将原料、能源和劳动力转化为产品和废物的代谢过程。并进一步提出了"产业生态系统"和"产业生态学"的概念。1991年美国科学院与贝尔实验室共同组织了首次"产业生态学"论坛，对其概念、内容和方法以及应用前景进行了系统的总结，基本形成了产业生态学的概念框架。如贝尔实验室的Kumar认为产业生态学是"对各种产业活动及其产品与环境之间相互关系的跨学科研究"。20世纪90年代以来，产业生态学发展非常迅速，产业界、环境科学和生态学界纷纷介入其理论和实践的探索。国际电力与电子工程研究所（IEEE）在一份称为"持续发展与产业生态学白皮书"的报告中指出，"产业生态学是一门探讨产业系统与经济系统以及他们同自然系统相互关系的跨学科研究，涉及诸多学科领域，包括能源供应与利用，新材料、新技术，基础科学，经济学，法律学，管理科学以及社会科学等"，是一门"研究可持续能力的科学"。近年来，以AT&T，Lucent，GM，Motorola等公司为龙头的产业界纷纷投巨资推进产业生态学的理论研究和实践，成为产业生态学的首批试验基地。1997年由耶鲁大学和MIT共同合作创刊了《产业生态学杂志》。

产业生态学主要涉及3个层次（见图2-2）。

宏观上，产业生态学是国家产业政策的重要理论依据，即围绕产业发展，将生态学的系统性和耦合性原理融入国家法律法规、国民经济与社会发展纲要中，使产业系统中各子系统协调均衡发展，以促进国家及全球尺度的生态安全和经济繁荣。

中观上，产业生态学是部门和地区生产能力建设及产业结构调整的重要方法论基础，通过生态产业将区域国土规划、城市建设规划、生态环境规划和社会经济发展规划融为一体，促进城乡结合、工农结合、环境保护和经济建设结合。

微观上，产业生态学则为企业提供具体产品和工艺的生态评价、生态设计、生态工程与生态管理方法，涉及企业的竞争能力、管理体制、发展战略和行动方针，包括企业的清洁生产、资源循环利用、"绿色核算体系""生态产品规格与标准"等。

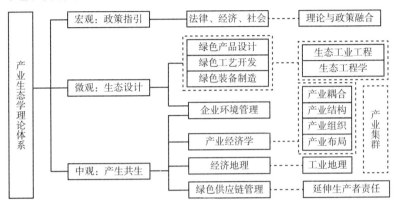

图 2 - 2　产业生态学理论体系

2.5　产业演进理论

2.5.1　产业演进规律

产业演进理论（Industry Evolutionary Theory）对产业的动态变化进行分析和描述，是产业经济学的重要组成部分。从 20 世纪 40 ~ 50 年代开始，西方经济学家就通过对企业成长和产业演进的研究，揭示产业内企业的进入、成长、退出、死亡以及整个产业从出生向死亡演化的规律。克拉克（C. Clark）提出了产业发展中劳动力在三次产业间的分布规律；库兹涅茨（S. Kuznets）在克拉克的基础上，进一步研究了产业发展中国民收入在三次产业间分布结构的演变趋势；霍夫曼（W. Hoffman）则对工业化过程中的工业结构演变规律作了开拓性研究。

（1）配第—克拉克定理

随着经济的发展、人均国民收入水平的提高，劳动力首先由第一次产业向第二次产业移动；当人均国民收入水平进一步提高时，劳动力便向第三次产业移动；劳动力在产业间的分布状况为：第一次产业将减少，第二、第三次产业将增加。这是克拉克在配第（W. Petty）研究成果的基础上，分析研究了就业人口在三次产业中分布结构的变动趋势后得出的。克拉克对产业结构演变规律的研究是以若干国家在时间的推移中发生的变化为依据的，这种时间序列是和不断提高的人均国民收入水平相对应的。克拉克认为，劳动力从第一次产业转向第二、第三次产业的原因是由经济发展中各产业间出现收入（附加值）的相对差异造成的。人们总是从低收入的产业向高收入的产业移动的。这不仅可以从一个国家经济发展的时间序列分析中得到印证，而且还可以从处于不同发展水平上的国家在同一时点的横断面比较中得到类似的结论。人均国民收入水平越高的国家，农业劳动力在全部劳动力中所占的比重相对来说就越小，而第二、第三次产业劳动力所占的比重相对来说就越大；反之，人均国民收入水平越低的国家，农业劳动力所占的比重相对来说就越大，而第二、第三次产业劳动力所占的比重相对来说就越小。

（2）库兹涅茨的产业结构演变规律

库兹涅茨在继承克拉克研究成果的基础上，对产业结构的演变规律作了进一步探讨，阐明了劳动力和国民收入在产业间分布结构演变的一般趋势，从而在深化产业结构演变的诱因分析方面取得了突出成就。他从国民收入和劳动力在产业间的分布两个方面，对伴随经济发展的产业结构变化作了分析研究，收集和整理分析了20多个国家的大量数据，把三次产业分别称为农业部门、工业部门和服务部门，得出以下结论：①农业部门实现的国民收入在整个国民收入中的比重，以及农业劳动力在全部劳动力中的比重，随着时间的推移处于不断下降之中。②工业部门的国民收入的相对比重，大体是上升的；然而工业部门劳动力的相对比重，大体不变或略有上升。③服务部门的劳动力相对比重几乎在所有国家都呈上升趋势；但是，国民收入的相对比重却未必和劳动力的相对比重的上升同步。

（3）霍夫曼定理

近代经济发展的过程与工业的发展有着紧密的联系，对工业化过程的工业结构演变规律作出开拓性研究的是德国经济学家霍夫曼。他根据近 20 个国家的时间序列数据，分析了制造业中消费资料工业和资本资料工业的比例关系。这一比例关系就是消费资料工业的净产值和资本资料工业的净产值之比，其比值就是霍夫曼比例。所谓霍夫曼定理就是在工业化的进程中霍夫曼比例不断下降的规律。霍夫曼认为，在工业化的第一阶段，消费资料工业的生产在制造业中占有统治地位，资本资料工业的生产是不发达的；在第二阶段，与消费资料工业相比，资本资料工业获得了较快的发展，但消费资料工业的规模，显然还比资本资料工业的规模大得多；在第三阶段，消费资料工业和资本资料工业的规模达到了大致相当的状况；在第四阶段，资本资料工业的规模将大于消费资料工业的规模。

此外，罗斯托（W. W. Rostow）的经济发展理论所提出的经济成长阶段与主导部门的分析方法也具有重要的价值，罗斯托将经济发展看作是不同阶段的更替过程，认为"现代经济成长实质上是部门的成长过程"，经济成长阶段的更替也就表现为主导部门的序列变化。在讨论主导部门将技术和产品扩散到其他部门，从而带动经济成长的作用时，罗斯托又在赫希曼（A. O. Hirschman）的部门前后关联效应的基础上，增加了旁侧关联效应，即主导部门对所在区域的影响，这对探讨主导产业变迁而引发的产业结构升级及其对区域空间结构的影响具有启发作用。

有关产业结构及其演进规律的研究成果，为研究资源型城市的产业转型提供了重要的理论指导；同时，也为开展研究工作提供了方法借鉴和启示，西方学者注重实证研究和对比分析的研究方法尤其值得注意和学习。但需要重点指出的，多年来，有关产业演进的研究主要是针对较大的经济区域，如国家（地区）层面进行的。有关产业结构的演进规律是建立在一国甚至更大范围的经济活动之上的；同时，也忽略了不可再生资源的枯竭等因素的影响。对于一个较小的经济区域，如一个城市的经济现象，由于受到更多边界条件和影响因素的强烈作用，有关研究结论就可能失效。

2.5.2　主导产业选择

在经济发展过程中，产业结构的演进是有规律可循的，以此为理论依据，各国或地区有可能对主导产业（亦称支柱产业）进行选择，尤其是发展中国家可以借鉴发达国家的经验教训，选择应该优先发展的产业并对其加以扶持。20 世纪 50 年代以来，日本成功地通过对主导产业的选择与扶持，带动了经济的高速增长，随着日本经济发展的经验引起广泛关注，与日本经验密切相关的产业政策开始受到重视。许多关注产业政策的学者在寻求某种经济理论作为分析问题的依据，使产业政策问题能够纳入经济理论的框架中进行分析。选择主导产业首先涉及选择标准问题，即选择主导产业的基准，已经提出过的基准很多，常用的主要有以下几类基准。

（1）产业关联度

产业关联度是指产业与产业之间通过产品供需而形成的互相关联、互为存产业关联度在前提条件的内在联系。在产品的供需方面，任何一个行业的生产以及任何一种产品，都会为其他或其他行业的生产作为其生产的投入要素（除最终消费品的生产外），同时，它也会以其他产品或其他行业的生产作为其生产的投入要素；在产业的技术供给方面，一个产业的生产，需要其他产业为其提供技术水平层次相当的生产手段，同时，它的发展也推动了其他相互关联产业的技术进步，从而使整个产业的技术水平不断向更高层次推进。赫希曼（A. O. Hirschman）提出了产业关联效应的概念，即前向关联效应和后向关联效应，认为应首先发展那些产业关联度高的产业。此后，罗斯托（W. W. Rostow）又提出了旁侧关联效应。这一基准的含义是，选择能对较多产业产生带动和推动作用的产业，即前向关联、后向关联和旁侧关联度较高的产业，作为政府重点支持的优先发展产业。赫希曼和罗斯托都强调了主导产业对经济增长的带动和推动作用，这一观点对各国政府的产业选择和产业政策产生了深远的影响。

（2）收入弹性

收入弹性是指某种产品的需求增长率与国民收入增长率之比。收入弹性大于 1 的产品和行业，其增长速度将高于国民收入的增长；弹性小于 1 的产品和行业，增长速度低于国民收入的增长。由于新增收入往往会较为集中地用于少数商品的消费，因此，这些行业通常能够有较快增长的市场需求，随着经济的发展和国民收入的增长能够以更高的速度发展。所以政府应选择支持收入弹性高的产品和行业。

（3）生产率上升率

生产率上升率是指某一产业的要素生产率与其他产业的要素生产率的比率，一般用全要素生产率进行比较。全要素生产率的上升主要取决于技术进步，因此，生产率上升率基准实际上强调了技术进步在产业发展中的作用，按此基准选择主导产业，就是选择技术进步快、技术要素密集的产业。

（4）环境标准

环境标准是指选择污染少、不会造成过度集中环境问题的产业优先发展。1971 年，日本政府在原来的收入弹性和生产率上升率基准之外，再增加这一基准，其背景是在 20 世纪 70 年代的日本，随着经济的增长，环境等问题日益严重，这一标准被应用于制定产业政策是为了实现经济与社会协调发展的目标。

除了上述几条基准之外，国内外学者还提出过一些其他基准。虽然日本成功地通过对主导产业的选择与扶持带动了经济的高速增长，但是日本是一个国土狭小的国家，这些基准的有效性性对于我国这样一个幅员辽阔、地区差异悬殊的大国而言是令人置疑的。主导产业选择基准的一大缺陷是没有考虑到不同地区的特点，运用这些基准进行主导产业选择将不可避免地导致产业趋同。以我国为例，在"九五"计划和 2010 年远景目标纲要中，国家明确将机械、电子、石油化工、汽车和建筑建材业确定为今后重点发展的支柱产业，在全国各省区市中，把机械工业列为主导产业有 25 个，电子工业 24 个，化学工业 24 个（大多数地区是将石油化学工业作为发展重点），汽车工业 22 个，建筑和建材工业 19 个。因此，在我国目前区域产业结构趋同已经十分突出的情况下，资源型城市在选择替代产业时如果简单运用这些基准，将难以建立有竞争优势的替代产业群。

2.5.3 产业调整政策

张伯伦（E. H. Chamberlin）在 20 世纪 30 年代的有关产业组织问题的研究中首先使用了"能力过剩"的概念，以后贝恩（J. Bain）又使用了"过度竞争"的概念。从贝恩开始，这一问题引起人们较多的关注。但长期以来，研究市场结构与"能力过剩"关系的目的在于得出不同产业应形成何种市场结构，使能力过剩问题不至于发生。经济学界有一种普遍且根深蒂固的观念，即强化竞争强度可以增进社会福利。因此，在研究产业组织政策时，西方主流经济学的注意力主要放在防止竞争不足即反垄断方面，很少提及对能力过剩和过度竞争问题制定有关政策。在这些经济学家们看来，在市场竞争的过程中，通过优胜劣汰的作用能够解决这类问题。然而，在市场经济中，虽然竞争能够促进产业结构的调整，但在结构变化剧烈的时期，如果不能采取措施，减弱这一变化对某些经济部门或局部地区的冲击，就会带来一系列经济和社会问题，甚至影响到社会的稳定，结构调整的进程也会因此受阻。

结构调整速度的降低和社会不稳定因素的增加都具有显著的经济和社会成本，因此，减少阻碍变化和导致不稳定的因素，就具有显著的经济和社会收益，这是实施产业结构调整援助政策的理论基础。当由于结构变化、区域调整和外部冲击等原因造成较多企业面临倒闭、大量工人面临失业等问题时，政府出于经济、社会和政治等方面的考虑，并不是完全通过市场机制来解决问题。事实上，第二次世界大战以前长期奉行自由放任经济政策的英国政府早在 20 世纪 30 年代就开始执行调整援助政策；50 年代以来，随着产业结构变动的加剧，各国政府更加关注产业结构调整及其援助政策，一些工业化国家政府对这类问题的处理十分慎重，以减少失业、谋求公平和保持社会稳定为理由，长期以来推行结构调整援助政策，制订许多援助政策推动调整过程。因为无论哪个国家，都难以承受由此带来的社会与政治问题。当生产要素的自由流动存在明显障碍时，市场机制不一定能保证资源的有效配置。因此，需要政府对这些企业的退出行为制定援助政策，以减少退出阻力和促进结构调整。

虽然推行产业结构调整援助政策有其理论依据和实践经验，但仍然受到一些经济学家的批评，对产业结构调整援助政策的批评意见集中在调整援助政策施行不当会降低资源配置效率。实行调整援助政策，一部分资源要通过政府进行分配。一般而言，政府分配资源的效率不如市场分配资源的效率。如果由市场机制决定这一过程，虽然社会代价高一些，但资源配置效率会明显提高。此外，调整援助政策有可能导致企业不当行为和减弱市场机制作用。因此，不少学者认为，在大多数情况下，产业结构的调整可以在恰当的社会保障体系的支持下，通过市场机制得以解决。只有当问题涉及面较广和依靠市场机制进行调整确实会引起较为严重的经济和社会问题时，采用产业结构调整援助政策才有充足的理由。

20 世纪 80 年代以后，我国经济持续高速增长中一直伴随着产业结构的剧烈变化,在这个过程中,我国产业结构调整政策的着力点是新兴产业的选择与培育,政府没有明确和持续的结构调整援助政策,对困难行业和困难企业的援助保持在较低的水平,这在我国长期处于短缺经济的条件下无疑是现实的选择。但是,新兴产业的培育与衰退产业的退出是产业结构调整相辅相成的两部分,没有衰退产业的退出,新兴产业也难以获得广阔的发展空间。1997 年以来,中国首次出现了总供给大于总需求的现象,衰退产业的退出问题更为突出。在我国市场经济体系逐步建立和国有资本逐步从竞争性行业退出的背景下,政府产业政策重点也应该进行相应的调整,新产业的发展将更多借助市场的力量,而衰退产业的退出应受到政府更多的关注。然而,目前我国对产业调整援助政策的研究和应用均滞后于现实的要求,在对生产能力严重过剩的行业,如煤炭、钢铁、纺织等产业的调整上简单实行限产、压产的政策,这些政策在短期内可以取得一定成效,但其长期的有效性令人怀疑。同时,过多地运用行政手段直接干预经济运行也有悖于建立社会主义市场经济体制的宗旨。中国经济经过改革开放 30 多年的高速增长,今后对结构调整问题采取更积极和有效方式,加速部分企业从特定行业中退出的必要性更加迫切,如果不能采取有效措施帮助一部分企业退出,它们继续滞留在不适合它们发展的行业内,长期低效率地使用有限资源,不仅会影响全行业的效率,而且使今后的调整更加困难。由于煤炭等产业存在高退出壁垒,因此,实施产业转型必须辅以转型援助政策。在加快产业结构优化升级的大背景下,结构调整援助政策将是今后我国产业政策一个重要的方面。在市场经济条件下,产业政策的制度必须遵循市场规律,尽可能采用市场化的手段解决问题;否则,政策的实施效果将大打折扣。我国产业组织效率应在有效的产业政策的引导下,通过市场竞争得以优化。

2.6　资源型城市可持续发展理论

2.6.1　城市可持续发展理论的演变

　　城市一般都要经历由低级到高级、由萌芽到完善的发展过程，表现出无序向有序、粗放向集约转变的发展特点（见表 2.4）。传统城市是以线性高耗能、高排放的粗放式经济为主的发展模式，追求数量型的增长，其呈现出无序列膨胀的发展特点。伴随着"城市病"在传统城市中不断涌现，人们开始就传统发展理论进行深刻反思，在其原有发展模式上进行改造并加以完善，提出了城市可持续发展理论体系等一系列新的发展理论。其中主要观点：（1）由加拿大威廉·里斯教授带领的课题组提出的城市生态基区理论，即某一地区需要一定面积的可生产土地和水域来维持现有的生活水平，它是传统容纳量这一概念发展的结果。此理论提出对城市可持续发展具有很大的理论意义：一是认识到城市能够对生态产生负面影响；二是意识到影响城市可持续发展的又一关键因素是生活和消费模式；三是必须在城市可持续发展过程中树立全局观念。这一理论的出现有助于人们树立正确的发展观念，转变用代表性弱的经济指标（如 GDP）来衡量发展的方式，倡导运用经济、社会、文化、生态、环境等综合型指标来衡量发展水平。同时，一种生态文明观伴随着这一理论的形成能够促使人们自觉地运用生态学的理论观察与认识世界。（2）循环经济理论。是通过经济发展的减物化改革，有效提升经济运行效率，要追求经济增长与减少资源消耗和减低污染排放同时进行，加速提高资源生产率，以最小成本将环境保护的末端治理转变为源头防范控制，从而获取最大的经济效益和环境效益。（3）生态城市理论。是以人的行为作为主导，社会体制作为经络、资源流动作为命脉，自然环境系统作为依托的"人—社会—经济—自然"为主的复合系统。城市可持续发展理论是一种充分综合考虑城市的社会、经济、生态环境、资源等多方面的联合统一体，是一种集约型、生产集约型、速度适中型和结构效益型的发展模式，呈现出城市高级有序、协调发展的特点。

表 2.4   城市发展阶段特点

类型	粗放型	过渡型	集约型	
经济增长方式	数理增长性（低级）	数量速度型（较高级）	高速度结构效益型（高级）	高速度结构效益型（最高级）
经济发展阶段	较低级阶段（工业化前准备阶段）	较高级阶段（工业化实现阶段）	成熟阶段（工业化成熟阶段）	后工业阶段
主导产业	食品、烟草、轻工、纺织	机械化、重化工业	高额消费生产部门服务业	高技术产业高度发达的第三产业
生产要素结合方式	劳动密集型	资金密集型	技术密集型	技术信息密集型
城市发展特征	低级无序膨胀	较高级基本有序，城市结构形成	高级有序，合理的城市结构	高级有序，协调发展
城市化水平	城市化起始阶段人口开始膨胀	城市化大发展阶段	城市化水平高稳定阶段	城市化水平最佳
城市功能结构	功能不全、结构简单	功能结构齐全，结构不甚合理	功能较完善，结构较合理	功能完善，结构合理
城市规划理论特征	"田园城市"理论为代表	"功能城市"雅典宪章为标志	"有机城市"马丘比克宪章为标志	可持续城市或生态城市为标志

发达国家采用"外部治理模式"发展城市，其发展战略是：以保持原工业体系稳定和不受损的基础上，在一定程度起到缓解经济增长与环境之间矛盾的作用，但现代工业经济所面临的困境没有从根本上得到解决。因外部治理不仅提高了整个区域经济运行的成本，而且外部治理的过程又导致资源的再次消耗，是以资源高消耗为代价、没

将资源环境作为考虑范畴的一种模式，在发展中国家施行这种模式是不可行的。我国则是采用"成本内化"的可持续发展模式发展城市，即以资源、环境等要素纳入整个区域经济系统成本为基础，遵循可持续发展的概念要求，以人与自然和谐统一生态观作为指导，把技术和知识创新当动力，制度创新作为核心，居住方式、生活方式、经济形态等方面为内容，坚持近期整治、长期构建的战略原则，使原工业经济系统运行中产生的外部成本内化于新的生产系统、居住系统和生活方式，在一个更加经济的模式中持续发展生产力。构建可持续发展的成本内化模式是一个系统工程，转变观念、创新理论等是建立成本内化发展模式的先决条件。同时，将原来重点治理技术向新资源、新工艺、新流程的技术创新转移，加速形成成本内化的物质创新体系。

2.6.2　资源型城市可持续发展数学模型

一般城市实现可持续发展的核心目标是实现社会—经济—生态系统的整体协调有序发展，并使系统综合效益达到最大化。作为城市类型中一种较特殊的情况，资源型城市相对一般城市而言，其面临的社会、经济、生态、环境以及资源等方面的问题更加严重，在产业转型升级过程中牵涉到更加复杂与困难的问题，它包含优化经济选择、重塑社会性伦理与回归自然生态性等全方位的经济社会改革、修正与完善，同时进行着经济再生产、人口再生产和生态再生产，城市在这三种再生产中分别产生经济效益、社会效益和环境效益。从系统的角度来看，在资源型城市可持续发展的过程中呈现出多目标性、多系统性、多层次性、动态性、协调性等多重特点，其目标就是要求在各系统内部协调匹配的基础上，以取得最大的整体效益，可用以下概念模型来表示。

$$目标: \max(H) = f\{(h_1, h_2, h_3, h_4), Q, S, T\} \qquad (2.1)$$

$$约束条件: h_1 + h_2 + h_3 + h_4 \leq R \qquad (2.2)$$

式（2.1）指资源型城市整体可持续发展的大系统功能效益，即要求资源型城市在社会、经济、生态环境及资源四个子系统协调发展的前提下取得整体的最大化效益。

h_1——指资源城市社会子系统，其中包含资源城市的社会就业、社会保障、城市基础设施建设等。

h_2——指资源城市经济子系统，其中包含资源城市的产业转型、新兴的主导产业选择、产业结构的调整等多个方面，是资源城市协调发展的核心。

h_3——指资源城市生态子系统，其中包含资源城市生态环境建设、环境治理等。

h_4——指资源城市的资源子系统，其中包含资源的合理利用、资源的有序开采、资源的储量等。

Q——指资源城市各系统的协调度，即资源型社会—经济—生态环境—资源系统的协调程度。依据协同理论的基本原理，协调度是表示系统之间或系统要素之间在发展过程中和谐一致的程度，体现系统由无序走向有序的趋势。协同理论认为：系统内部各子系统间相互关联的相互作用是系统走向有序机理的关键所在，它影响着系统间相互变化的特征和规律。我国学者冯玉广根据灰色系统理论对协调度量化模型进行了建模量化处理，并根据研究结果提出了协调度模型，对协调度的具体计算步骤进行了描述。资源型城市各子系统的协调程度可通过计算协调度来分析与评价，根据协调程度计算结果进行优化处理从而使系统整体效益得到提升。

S——指空间变量，表示处于不同空间、不同区域位置的资源型城市。

T——指时间变量，表示处于产生、成长、成熟、衰退不同发展阶段的资源型城市。

R——指资源型城市的环境承载力，用以说明资源型城市必须在其资源环境可承受能力范围之内来推进社会进步、经济发展、资源开发利用，否则无法坚持走可持续发展道路。

　　通过构建具体的资源型城市各子系统协调度模型，计算出资源型城市在一定时期内的可持续发展水平综合度量值，为资源型城市可持续发展状况的时空比较和未来趋势的监测预警提供科学依据，增强可持续发展理论向实践转化的可能性。

2.6.3　资源型城市可持续发展主要内容

　　综上分析得到，资源型城市可持续发展不只是资源单一系统可持续，是指资源、经济、社会、环境四位一体协调良性可持续发展。四个系统相互影响，协调推进资源型城市良性发展。四个系统相互协作，共同构成了资源城市的结构，资源型城市结构如图 2 - 3 所示。

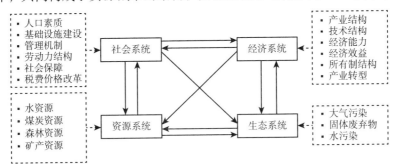

图 2 - 3　资源型城市可持续发展系统

（1）经济可持续发展

　　站在发展的角度分析，经济可持续良性发展是资源型城市发展的核心动力。资源型城市经济可持续会带动社会、资源、生态的发展。雄厚的经济实力是资源型城市转型的基础，经济的长久发展是资源型城市成功的必要条件。经济的持续发展为社会、资源、生态的良性发展提供经济基础。其他系统的协调发展对经济发展起到推进作用。资源型城市可持续发展主要注重以下方面：一方面，大力发展第三产业，倡导服务业；充分利用资源型城市原有的发展基础，在原有的基础之上，保证经济的连续性，建立城市经济发展的良性运行秩序。努力实现从劳动密集型产业转向资本密集型产业，对原有的耗能模式进行改革，对资源进行深层次的利用加工，拓宽产业结构，逐步从低端产业高端发展。另一方面，工业化初期经济发展的动力是劳动和资源的高投入，随着我国工业化进入中后期，科技创新成为资源型城市产业发展的动力。科学创新推动经济发展，改变发展格局，提高产业竞争力，创造新兴产业，可以影响区域经济发展。资源型城市的发展方式决定了资源型城市转型，资源型城市转型就必须继承和打破原有的发展格局，继承资源型城市资本的积累，创新技术，转变发展模式，培育新兴的主导产业，为资源型城市提供新的动力。资源型城市的创新是多方面的，以经济制度创新实现市场经济人才良性发展；技术创新实现产业高产出、高效率，以产业创新带动区域经济高速发展。多方一体，共同创新，实现资源型城市可持续发展。

（2）社会可持续发展

资源型城市经济发展的落脚点是提高人民生活水平，资源型城市社会的发展是提高人民生活水平的保障。社会的良性发展主要包括：建立健全城市基础设施，提高城市人口生活质量，改善就业压力、良好的教育环境、平等自由的社会风尚等。资源型城市可持续发展需要实现社会福利最大化，城市资源实现有效配置，城市的发展利益落实到居民，实现资源开采活动的收益和代价在不同人群、地区是平等分配的。资源型城市存在低工资、高失业率、社会保障体系不健全等问题。因此，资源型城市从社会保障体系入手，健全保障制度，实现职工高就业，有应对结构性失业的能力。从我国发展阶段看，资源型城市社会保障制度尚未跟上经济发展步伐。综上分析，资源型城市需要完善保障体系，实施城市管理条例，促进社会公平，形成良性的发展模式。

（3）生态环境可持续发展

我国工业化进入中后期，我国的生态环境随着经济的发展而逐步衰退，生态环境是我们生存的基础，是资源型城市可持续发展的必要条件。经济发展以保护环境为基础，以协调发展为目标，经济发展应该与环境承载力相适应。生态环境的外部性决定了生态环境治理需要落实权利，谁污染谁治理。资源型城市应该以保护环境为主，治理环境为辅。创新新能源，实施低排放，多使用节能能源。资源型城市发展的同时，必须保护环境。生态治理是多方位的，控制污染，提升环境质量，保护生态多样性，利用再生资源。资源型城市发展应该保持在生态资源的承载力之内。资源型城市发展对环境以预防为主，主要是节能减排，尽可能减少资源型城市发展对生态环境的破坏。资源型城市发展带来以下几个方面的问题：固体废物、废气、废水、城市空间土地压占、地表坍陷等生态问题。因此，资源型城市发展以生态承载力为基准，在发展经济时注重第三产业发展，推行循环经济，提高单位排放物 GDP 量，改革资源城市原有发展模式，实现生态持久发展。

（4）资源可持续发展

资源是工业发展的物质保障，是资源型城市成长的主要因素。实行技术创新，提高资源的利用率，探索使用新能源，寻求再生能源，转变对资源的原有能源的依赖，实现资源的合理利用，在既有资源下实现利益最大化。提高替代资源的投入量，实现产业对原有资源的消耗量；努力发展资本密集型和技术密集型产业，减少对资源的依赖性；合理开发利用资源，实现资源有效配置。减少对现有资源的浪费，提高矿产资源回收率，减少废物排放。通过科学技术挖掘资源的附加产能，注重代际公平，实现资源可持续发展。资源是工业化的基础，以及主要的生产要素，随着我国工业化进入中后期，应该打破原有产业发展格局，从高投入低产出转为低投入高产出。城市资源枯竭是相对的，主要指带动经济发展的资源枯竭，如果能改变现有的发展模式，寻找替代资源，就可以实现资源可持续发展。

2.6.4 资源型城市转型与可持续发展

在资源型城市发展的整个生命周期中，不仅包含城市的转型，也涵盖其可持续发展过程。两者虽然是相异的概念，具有相异的范畴，但是能够共同存在于资源型城市发展之中，并通过相互作用及相互影响，推动资源型城市经济的发展。一般来讲，资源型城市产业转型的目的是实现经济又好又快的发展，提升居民的生活质量，也可认为是实现资源型城市的可持续发展。其内容涉及了诸多方面，如资源开发技术的创新、产业结构的有机调整、富余劳动力的解决及生态环境的治理与保护等，对此可进一步归纳概括为将城市这个大的复杂巨系统内的生态系统、资源系统、社会系统及经济系统进行科学合理的管治，提升各个子系统的协调发展能力，而这也是资源型城市推动可持续发展的基本要求。因此，可以认为实现可持续发展是资源型城市进行产业转型的目标，而实施产业转型是资源型城市达到可持续发展目标的基本途径及方法。

此外，资源型城市进行产业转型需要有正确的指导理论作保障，而可持续发展理论对此发挥重要作用。对于生态系统、资源系统、社会系统及经济系统的内在运转和系统间的协调发展是可持续发展理论的核心内容，通过系统性地改善措施促进社会、经济及生态综合效益的提升。资源型城市产业转型的基本内容是解决经济发展、生态保护、资源利用等方面的问题，进而实现城市的可持续发展。因此，在一定程度上可以认为资源型城市转型的目标和可持续发展是相一致的，并可以通过利用可持续发展理论实现对资源型城市产业转型过程进行科学指导，而产业转型的过程也可丰富可持续发展理论，其两者间的辩证关系可通过图 2－4 进行表示。

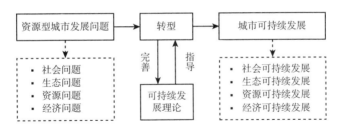

图 2 - 4 资源型城市转型与可持续发展辩证关系

2.7 资源型产业转型成本分析

资源城市的产业转型升级成本是指在产业转型升级的过程中，为了使其顺利进行，政府、企业、社会和个人在整个转型升级过程中所必须支付的包括资金、技术、人才在内的各种要素的代价。资源枯竭型城市产业转型是以实现产业非资源化、进行生态环境治理、合理转移资源产业劳动力等为目标。因而，产业转换成本、劳动力转移成本、生态环境治理成本和城市投资环境改善成本共同构成产业转型升级成本。此外，资源枯竭型城市产业转型升级过程中还伴随有组织成本、决策成本、风险成本，以及由于产业转型升级所导致的失业人口增加带来的社会动荡成本等。

2.7.1 产业转换成本

资源产业退出成本和接替产业发展成本构成产业转换成本。资源枯竭型城市产业转型升级的核心是从资源型产业向非资源型产业的转换，同时也是产业转型的核心成本。资源型产业退出成本涵盖了兼并重组资源枯竭型国有企业的成本、关闭破产成本和重新开发利用剩余尾矿的成本。资源型产业的退出成本更加详细地分为：维护和清算关闭破产或兼并重组企业所带来的费用；关闭破产以及兼并重组过程中资源枯竭型国有企业的资产变现成本、损失和流失的资产价值；企业应还银行的本金与利息；企业应付职工的各种拖欠款项，主要包括应付职工的各种津贴、工人工资或劳动奖金、工伤职工及家属的待发补助和医疗费，离退休职工的待发养老金，拖欠的社会医疗保险基金、社会统筹养老金部分等。资源枯竭型国有企业欠缴的电费、税金、水费等，以及应付的各种罚金等，资源枯竭型国有企业与其他企业之间的"三角债"，以及由于部分企业恶意拖欠所衍生的呆、坏账损失等。当资源型产业退出时，为资源型产业提供配套和服务的相关产业也会受到一定程度的影响，这部分也构成了资源产业退出成本。

接替产业项目建设成本，接替产业发展前期准备成本、融资成本、接替产业发展风险分散成本、原有产业升级改造成本等共同构成接替产业发展成本。

2.7.2　劳动力转移成本

劳动力身份转换的政策成本、劳动力再就业成本和社会保障体系建设成本共同构成劳动力转移成本。它是指在产业转型过程中，劳动力从资源型产业转移到非资源型产业或直接退出所带来的必要投入。

劳动力身份转换的政策成本主要包括移交离退休职工、退养职工的成本；资源枯竭型国有企业在关闭破产或改制过程中补偿和安置在岗职工的成本；补助部分特困职工家属的成本；补助集体企业职工的成本；移交社会职工的成本等。

劳动力再就业成本主要包括通过再教育全面提高劳动者素质的成本；更新矿工转岗所必需的知识技能的成本；建设劳动力就业中介代理机构的成本；组织培育劳动力市场和建设劳动环境的成本；输出劳动力成本；劳动者再次就业成本；个人创业成本等。在中国资源枯竭型城市中，资源型产业的就业人员基数十分庞大，在这些就业人员中，大多是劳动年龄偏大，工作技能单一，受教育程度不高，因此这些劳动人员的再就业能力不够、机会少，尤其对于"40、50"就业人员，再次就业的难度更高，由此带来的劳动者再次就业的成本就必须支付，而且这部分成本也十分巨大。建设社会保障体系的成本主要包括建设医疗保障体系、养老保障体系、失业保障体系和城市居民最低生活保障体系的成本，涉及投入、补充与积累保障基金的成本，管理与运作保障基金的成本，收缴与发放保障基金的成本等。社会保障体系建设成本是维护资源枯竭型城市社会稳定、保证居民基本生活的必需代价，因此这部分成本是资源枯竭型城市必须支付的成本。

2.7.3 生态环境治理成本

生态环境治理成本分为修复治理已破坏生态环境的成本和保护未破坏环境成本。修复治理已破坏环境成本是指对资源开采和初加工过程中所造成的各种环境污染和地质灾害的成本，主要包括治理水污染、大气污染、采空区塌陷、固体废弃物、水土流失及荒漠化和噪音的成本等。

由于中国当前经济发展的一次能源主要以煤炭为主，因此，空气污染是资源枯竭城市亟待解决的关键问题，资源枯竭型城市的三大空气污染物包括二氧化硫（SO_2）、氮氧化物（NO_x）和粉尘。矿井水、选矿、冶炼废水及尾矿池水是造成资源（枯竭）型城市水污染的主要因素，未经达标处理的废水任意排放，直接严重污染了地表水和地下水资源。为了有效治理大气污染，推进旧生产设备和技术的取消或淘汰，推广应用新技术、新工艺，就必须承担矿山尾气的处理所带来的成本，通过加装回收利用装置或除尘装置，有效控制矿山尾气的排放，以减少对城市空气的污染。通过更新设备、采取新工艺来治理水污染的同时提高水的重复利用率，逐步加大对矿业废水治理技术的研发和应用的投入力度，以缓解水污染状况。资源枯竭型城市的独有难题是工业生产后的固体废弃物，采矿、采煤带来的矸石山，不仅存量大，占用了很多土地，而且产生了大量有毒、有害物质，雨天污水遍地横流，晴天灰尘漫天飞扬，城市空气环境受到严重的威胁。通过加大综合利用的技术研究和应用技术的推广，使工业固体废弃物发挥其积极作用。在技术取得突破后，制造建筑材料、利用煤矸石发电、制造筑路材料等，从而变废为宝，实现循环利用。

对现存资源的预防性开发成本和对现有生态环境的保护成本构成未破坏生态环境保护成本。在对尾矿资源的剩余经济价值进行开采时，应加强事前控制，这既需要资源企业采取先进的开采技术和工艺，投资先进的设备，也需要政府对其进行监督，从而构成了未破坏生态环境的保护成本。

2.7.4　投资环境改善成本

城市基础设施更新改造成本和城市软环境建设成本构成投资环境改善成本。基础设施更新改造成本对于资源枯竭型城市的发展、招商引资以及满足居民生活需要方面具有非常强的"刚性"作用，因此这部分成本是必须支付的。城市基础设施更新改造成本是指资源枯竭型城市产业转型过程中，更新改造城市基础设施、完善城市功能等方面的投入。具体而言，基础设施更新改造成本主要包括更新改造供排水系统的成本；更新改造邮政、通信等邮电通讯系统的成本；更新改造环卫、绿化等生态环境保护系统的成本；更新改造城市供热、电力、供气等能源系统的成本；更新改造城市市内交通运输的道路、桥梁、车站等交通运输系统的成本；以及更新改造城市对外交通的水运、航运、公路、铁路等设施的成本；更新改造防火、防震、防洪等城市防灾系统的成本。

城市软环境建设成本是相对于城市基础设施更新改造、自然生态环境治理成本而言的，主要涵盖维护市场秩序的成本、转换政府职能的成本、培育城市文化环境的成本、建设城市法治环境的成本等。这些"软性"成本虽然不易计算，但却是资源枯竭型城市产业转型成本的重要组成部分，一定时期内，甚至决定着产业转型的进程。

2.8　本章小结

当前，国内外学者在城市衰退产业转型研究领域已取得一系列重要的研究成果，区域发展理论、产业生态理论和产业演进理论为本书提供了理论基础和方法指导。从产业内部演化来看其发展进程体现出生命周期的特点，不论是长期稳定或短期迅速衰退，产业走向衰退是不可逆转的。产业转型研究的重点对象是处于衰退期的产业，即衰退产业或夕阳产业。产业结构优化与产业结构演进是有规律可循的，以此为理论依据，各国或地区有可能对主导产业进行选择，有效地解决区域问题。但需要指出的是，当前衰退产业识别方法和转型决策研究仍存在缺陷。首先，当前有关衰退产业转型的研究通常是基于一国甚至更大范围进行，对于一个城市的经济现象，由于受到更多边界条件和影响因素的强烈作用，有关研究结论就可能失效。其次，依据原有识别方法，会使过多产业被界定为衰退产业，诱发平均主义，而且可能与现实情况相悖。一个在全国范围步入衰退的产业，在某些城市完全可能正处于成长阶段，由于我国幅员辽阔，区域间资源禀赋和发展水平差异悬殊，这一点表现得尤为突出。最后，忽视了衰退产业的区域属性，没有深入剖析特定区域衰退产业的自身特点和衰退机理，使制定的转型模式和援助措施缺乏针对性和可操作性。

第3章 我国资源型城市产业发展现状及问题

3.1 我国资源型城市布局

3.1.1 资源型城市概况

2013 年，我国在《全国资源型城市可持续发展规划（2013～2020 年)》中首次确定了 262 个资源型城市，其中，成长型城市 31 个，成熟型城市 141 个，衰退型城市 67 个，再生型城市 23 个。我国资源型城市数量多、分布广，历史贡献巨大、现实地位突出。新中国成立以来，资源型城市累计生产原煤 529 亿吨、原油 55 亿吨、铁矿石 58 亿吨、木材 20 亿立方米，"一五"时期 156 个国家重点建设项目中有 53 个布局在资源型城市，占总投资额的近 50%。当前国际政治经济不确定性、不稳定性上升，国内经济发展中不平衡、不协调、不可持续问题突出，由于内外部因素叠加，新旧矛盾交织，资源型城市可持续发展面临严峻挑战，加快转变经济发展方式的任务十分艰巨。

资源枯竭城市历史遗留问题依然严重，转型发展内生动力不强。目前，我国尚有近 7000 万平方米棚户区需要改造，约 14 万公顷沉陷区需要治理，失业矿工人数达 60 多万人，城市低保人数超过 180 万人。产业发展对资源的依赖性依然较强，采掘业占二次产业的比重超过 20%，现代制造业、高技术产业等处于起步阶段。人才、资金等要素集聚能力弱，创新水平低，进一步发展接续替代产业的支撑保障能力严重不足。

资源富集地区新矛盾显现，可持续发展压力较大。部分地区开发强度过大，资源综合利用水平低。生态环境破坏严重，新的地质灾害隐患不断出现。高耗能、高污染、高排放项目低水平重复建设，接续替代产业发展滞后。资源开发、征地拆迁等引发的利益分配矛盾较多，维稳压力大。资源开发与经济社会发展、生态环境保护之间不平衡、不协调的矛盾突出。

促进资源型城市可持续发展，对于维护国家能源资源安全、推动新型工业化和新型城镇化、促进社会和谐稳定和民族团结、建设资源节约和环境友好型社会具有重要意义。

全国资源型城市名单（2013 年）如表 3.1 所示。

表 3.1　　　　　　全国资源型城市名单（2013 年）

所在省（自治区、市）	地级行政区	县级市	县（自治县、林区）	市辖区（开发区、管理区）
河北（14）	张家口市、承德市、唐山市、邢台市、邯郸市	鹿泉市、任丘市	青龙满族自治县、易县、涞源县、曲阳县	井陉矿区、下花园区、鹰手营子矿区
山西（13）	大同市、朔州市、阳泉市、长治市、晋城市、忻州市、晋中市、临汾市、运城市、吕梁市	古交市、霍州市、孝义市		
内蒙古（9）	包头市、乌海市、赤峰市、呼伦贝尔市、鄂尔多斯市	霍林郭勒市、阿尔山市*、锡林浩特市		石拐区
辽宁（15）	阜新市、抚顺市、本溪市、鞍山市、盘锦市、葫芦岛市	北票市、调兵山市、凤城市、大石桥市	宽甸满族自治县、义县	弓长岭区、南票区、杨家杖子开发区
吉林（11）	松原市、吉林市*、辽源市、通化市、白山市*、延边朝鲜族自治州	九台市、舒兰市、敦化市*	汪清县*	二道江区
黑龙江（11）	黑河市*、大庆市、伊春市*、鹤岗市、双鸭山市、七台河市、鸡西市、牡丹江市*、大兴安岭地区*	尚志市*、五大连池市*		
江苏（3）	徐州市、宿迁市			贾汪区
浙江（3）	湖州市		武义县、青田县	

資源型城市产业转型理论与实践

续表

所在省（自治区、市）	地级行政区	县级市	县（自治县、林区）	市辖区（开发区、管理区）
安徽（11）	宿州市、淮北市、亳州市、淮南市、滁州市、马鞍山市、铜陵市、池州市、宣城市	巢湖市	颍上县	
福建（6）	南平市、三明市、龙岩市	龙海市	平潭县、东山县	
江西（11）	景德镇市、新余市、萍乡市、赣州市、宜春市	瑞昌市、贵溪市、德兴市	星子县、大余县、万年县	
山东（14）	东营市、淄博市、临沂市、枣庄市、济宁市、泰安市、莱芜市	龙口市、莱州市、招远市、平度市、新泰市	昌乐县	淄川区
河南（15）	三门峡市、洛阳市、焦作市、鹤壁市、濮阳市、平顶山市、南阳市	登封市、新密市、巩义市、荥阳市、灵宝市、永城市、禹州市	安阳县	
湖北（10）	鄂州市、黄石市	钟祥市、应城市、大冶市、松滋市、宜都市、潜江市	保康县、神农架林区*	
湖南（14）	衡阳市、郴州市、邵阳市、娄底市	浏阳市、临湘市、常宁市、耒阳市、资兴市、冷水江市、涟源市	宁乡县、桃江县、花垣县	
广东（4）	韶关市、云浮市	高要市	连平县	
广西（10）	百色市、河池市、贺州市	岑溪市、合山市	隆安县、龙胜各族自治县、藤县、象州县	平桂管理区
海南（5）		东方市	昌江黎族自治县、琼中黎族苗族自治县*、陵水黎族自治县*、乐东黎族自治县*	

· 60 ·

续表

所在省（自治区、市）	地级行政区	县级市	县（自治县、林区）	市辖区（开发区、管理区）
重庆（9）			铜梁县、荣昌县、垫江县、城口县、奉节县、云阳县、秀山土家族苗族自治县	南川区、万盛经济开发区
四川（13）	广元市、南充市、广安市、自贡市、泸州市、攀枝花市、达州市、雅安市、阿坝藏族羌族自治州、凉山彝族自治州	绵竹市、华蓥市	兴文县	
贵州（11）	六盘水市、安顺市、毕节市、黔南布依族苗族自治州、黔西南布依族苗族自治州	清镇市	开阳县、修文县、遵义县、松桃苗族自治县	万山区
云南（17）	曲靖市、保山市、昭通市、丽江市*、普洱市、临沧市、楚雄彝族自治州	安宁市、个旧市、开远市	晋宁县、易门县、新平彝族傣族自治县*、兰坪白族普米族自治县、香格里拉县*、马关县	东川区
西藏（1）			曲松县	
陕西（9）	延安市、铜川市、渭南市、咸阳市、宝鸡市、榆林市		潼关县、略阳县、洛南县	
甘肃（10）	金昌市、白银市、武威市、张掖市、庆阳市、平凉市、陇南市	玉门市	玛曲县	红古区
青海（2）	海西蒙古族藏族自治州		大通回族土族自治县	
宁夏（3）	石嘴山市	灵武市	中宁县	
新疆（8）	克拉玛依市、巴音郭楞蒙古自治州、阿勒泰地区	和田市、哈密市、阜康市	拜城县、鄯善县	

注：带 * 的城市表示森工城市。

我国资源型城市综合分类（2013 年）如表 3.2 所示。

表 3.2 **我国资源型城市综合分类（2013 年）**

成长型城市（31 个）

地级行政区（20 个）：朔州市、呼伦贝尔市、鄂尔多斯市、松原市、贺州市、南充市、六盘水市、毕节市、黔南布依族苗族自治州、黔西南布依族苗族自治州、昭通市、楚雄彝族自治州、延安市、咸阳市、榆林市、武威市、庆阳市、陇南市、海西蒙古族藏族自治州、阿勒泰地区；

县级市（7 个）：霍林郭勒市、锡林浩特市、永城市、禹州市、灵武市、哈密市、阜康市；

县（4 个）：颍上县、东山县、昌乐县、鄯善县

成熟型城市（141 个）

地级行政区（66 个）：张家口市、承德市、邢台市、邯郸市、大同市、阳泉市、长治市、晋城市、忻州市、晋中市、临汾市、运城市、吕梁市、赤峰市、本溪市、吉林市、延边朝鲜族自治州、黑河市、大庆市、鸡西市、牡丹江市、湖州市、宿州市、亳州市、淮南市、滁州市、池州市、宣城市、南平市、三明市、龙岩市、赣州市、宜春市、东营市、济宁市、泰安市、莱芜市、三门峡市、鹤壁市、平顶山市、鄂州市、衡阳市、郴州市、邵阳市、娄底市、云浮市、百色市、河池市、广元市、广安市、自贡市、攀枝花市、达州市、雅安市、凉山彝族自治州、安顺市、曲靖市、保山市、普洱市、临沧市、渭南市、宝鸡市、金昌市、平凉市、克拉玛依市、巴音郭楞蒙古自治州；

县级市（29 个）：鹿泉市、任丘市、古交市、调兵山市、凤城市、尚志市、巢湖市、龙海市、瑞昌市、贵溪市、德兴市、招远市、平度市、登封市、新密市、巩义市、荥阳市、应城市、宜都市、浏阳市、临湘市、高要市、岑溪市、东方市、绵竹市、清镇市、安宁市、开远市、和田市；

县（自治县、林区）（46 个）：青龙满族自治县、易县、涞源县、曲阳县、宽甸满族自治县、义县、武义县、青田县、平潭县、星子县、万年县、保康县、神农架林区、宁乡县、桃江县、花垣县、连平县、隆安县、龙胜各族自治县、藤县、象州县、琼中黎族苗族自治县、陵水黎族自治县、乐东黎族自治县、铜梁县、荣昌县、垫江县、城口县、奉节县、秀山土家族苗族自治县、兴文县、开阳县、修文县、遵义县、松桃苗族自治县、晋宁县、新平彝族傣族自治县、兰坪白族普米族自治县、马关县、曲松县、略阳县、洛南县、玛曲县、大通回族土族自治县、中宁县、拜城县

衰退型城市（67 个）

地级行政区（24 个）：乌海市、阜新市、抚顺市、辽源市、白山市、伊春市、鹤岗市、双鸭山市、七台河市、大兴安岭地区、淮北市、铜陵市、景德镇市、新余市、萍乡市、枣庄市、焦作市、濮阳市、黄石市、韶关市、泸州市、铜川市、白银市、石嘴山市；

县级市（22 个）：霍州市、阿尔山市、北票市、九台市、舒兰市、敦化市、五大连池市、新泰市、灵宝市、钟祥市、大冶市、松滋市、潜江市、常宁市、耒阳市、资兴市、冷水江市、涟源市、合山市、华蓥市、个旧市、玉门市；

县（自治县）（5 个）：汪清县、大余县、昌江黎族自治县、易门县、潼关县；

市辖区（开发区、管理区）16 个：井陉矿区、下花园区、鹰手营子矿区、石拐区、弓长岭区、南票区、杨家杖子开发区、二道江区、贾汪区、淄川区、平桂管理区、南川区、万盛经济开发区、万山区、东川区、红古区

再生型城市（23个）
地级行政区（16个）：唐山市、包头市、鞍山市、盘锦市、葫芦岛市、通化市、徐州市、宿迁市、马鞍山市、淄博市、临沂市、洛阳市、南阳市、阿坝藏族羌族自治州、丽江市、张掖市； 　　县级市（4个）：孝义市、大石桥市、龙口市、莱州市； 　　县（3个）：安阳县、云阳县、香格里拉县

3.1.2　典型资源型城市的分布

根据现阶段对资源型城市研究成果，制定其划分的基本依据：采掘业产值占工业总产值的比例大于20%；县级市采掘业产值大于1亿元，地级市采掘业产值大于2亿元；采掘业从业人员占全部从业人员的比例超过15%；县级市采掘业从业人数大于1万人，地级市采掘业从业人数大于2万人。

（1）典型资源型城市的地区分布

按照地区所包括典型资源型城市数量的多少，可依次排序为：山西、辽宁、黑龙江、内蒙古、吉林。其中，山西为8个，辽宁、黑龙江、内蒙古均为7个，吉林为6个，见表3.3。通过其基本分布状况可知，资源型城市于东北地区相对较为集中，特别是较为典型的资源型城市所含量较多。受此分布状况的影响，东北地区的经济发展状况与资源型城市的状态紧密相关，呈现出与其他地区具有较差差异的特征。

表3.3　　　　　　　　典型资源型城市的地区分布

省（自治区）	数量	城市名	省（自治区）	数量	城市名
山西	8	大同、阳泉、晋城、朔州、古交、霍州、孝义、介休	湖南	1	冷水江
内蒙古	7	乌海、满洲里、牙克石、锡林浩特、霍林郭勒、根河、阿尔山	四川	1	攀枝花

省（自治区）	数量	城市名	省（自治区）	数量	城市名
辽宁	7	抚顺、本溪、阜新、盘锦、葫芦岛、调兵山、北票	贵州	1	六盘水
吉林	6	辽源、敦化、珲春、松原、临江、和龙	云南	2	东川、个旧
黑龙江	7	鸡西、鹤岗、双鸭山、七台河、大庆、伊春、铁力	陕西	1	铜川
安徽	4	淮南、淮北、马鞍山、铜陵	甘肃	3	白银、金昌、玉门
江西	2	萍乡、德兴	宁夏	1	石嘴山
山东	3	东营、新泰、邹城	新疆	2	克拉玛依、库尔勒
河南	4	平顶山、鹤壁、濮阳、义马			

资料来源：王青云. 资源型城市经济转型研究［M］.

（2）典型资源型城市的资源类型分布

根据资源型城市所具有资源主体的不同，可发现煤炭资源型城市数量达到了31个，是这些典型资源型城市中数量较多的类别，其次为有色冶金类城市及石油资源型城市，皆是8个，见表3.4。

表3.4 　　　　按照资源类型对典型资源型城市分类

城市类型	城市数量	城市名称
煤炭城市	31	大同、阳泉、晋城、宿州、古交、霍州、孝义、介休、乌海、满洲里、霍林郭勒、抚顺、阜新、调兵山（原铁法）北票、辽源、鸡西、鹤岗、双鸭山、七台河、淮南、淮北、萍乡、新泰、邹城、平顶山、鹤壁、义马、六盘水、铜川、石嘴山
有色冶金城市	8	葫芦岛、铜陵、德兴、冷水江、东川、个旧、白银、金昌
黑色冶金城市	3	本溪、马鞍山、攀枝花
石油城市	8	锡林浩特、大庆、盘锦、东营、濮阳、玉门、克拉玛依、库尔勒
森工城市	10	牙克石、根河、阿尔山、敦化、珲春、桦甸、松原、临江、和龙、伊春、铁力

煤炭资源型城市所占60个典型资源型城市数量的比例值达到

51.67%，有色冶金资源型城市、石油资源型城市都是达到了13%（见图3-1）。据此可发现煤炭城市在所有典型资源型城市中占据了最高比重。鉴于煤炭资源型城市具有数量较多、代表性较强的特点，众多的研究者将煤炭资源型城市视为资源型城市中的典型研究对象，并单独作为一种类别进行分析探讨其转型之路，试图通过明确其基本特点及挖掘其内部演化规律，为其他相关资源型城市的发展与转型提供思路。

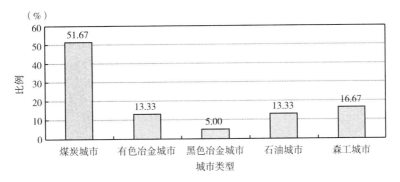

图3-1　典型资源型城市类型

3.2　我国资源型城市发展的主要阶段

新中国成立以后，我国开始工业化建设进程，工业化过程中的生产资料几乎全部是自给自足，资源型城市由此产生。工业化初期，我国经济基础差，生产要素的投入主要是劳动、资源、技术。初期的低技术、低资本决定了高投入、高产出，用廉价的劳动力换取自然资源的高产出。劳动密集型产业发展带动了大批资源采掘基地，劳动力逐步积聚，重工业企业逐步落脚此处，这些资源基地也承担了一些社会职能，国家逐步将这些基地设为城市。

3.2.1 资源型城市快速发展阶段: 1950~1960 年

新中国成立之前,国内就有一些工矿基地。新中国成立之后,为了快速恢复巩固国民经济,国家首先恢复一些新中国成立前的重要工矿基地,其中包括东北部地区的七个基地(分别是鹤岗、辽源、抚顺、阜新、鞍山、本溪);西南部两个(自贡、个旧);中东部地区四个(唐山、徐州、淮南、大同),这些基地的恢复与建设,有力支援了当时的国家经济社会发展,促进了国民经济的全面复苏。

此外,1953~1958 年,随着中国全面工业化建设的需要,国家集中在中部开设了 7 个资源型城市(玉门、双鸭山、鸡西、马鞍山、鹤壁、焦作、平顶山)。在"大跃进"初期,国家本着工业快速崛起的方针,加大了劳力和资源生产要素的投入量,是我国资源型城市格局初步形成。从统计数据来看,就 1958~1960 年的 3 年,我国新增 11 个资源型城市。其中包括大庆、克拉玛依与茂名三个石油城市;白山、伊春两个森林型城市;枣庄、铜川、石嘴山三个煤炭型资源城市;铜陵、冷水江两个有色冶金资源城市。萍乡也是在这一时期得到恢复的综合性资源型城市。资源型城市在这一时期逐步向外扩展,基本上构成了今天我国资源型城市布局。我国资源型城市中有一半在这一时期形成。

3.2.2 资源型城市稳步发展阶段: 1961~1978 年

1961 年 1 月,中共八届九中全会召开,当时由于"大跃进"造成的严重后果,共和国"处于经济最困难的时刻",全会正式决定实行"调整、巩固、充实、提高"的八字方针,国民经济开始转入调整的轨道。但是,在当时的经济背景下和国家发展方针的限制下,一直到 1978 年,我国资源型城市发展较少,累计增加了 6 个资源型城市，分别是东北地区的七台河、中部地区的资兴和淮北、西部地区嘉峪关和乌海、西南地区的六盘水。

3.2.3　资源型城市第二次飞速发展：1978～1990 年

1978 年改革开放以后，我国工业布局逐步从西向东，由内陆城市向沿海城市转移。我国工业建设注重效益化和专业化，东部地区成为工业建设中心，中西部地区资源开发基地。在中西部地区逐步完成工业基地基础建设和规模建设，提高了能源、原材料的供给。加强改造原有开发基地的同时在山西重点建设煤炭基地，金川地区有色金属基地、德兴地区铜硫基地、部分的石油基地，为东部地区快速发展提供资源基础。由于改革开放后，现代化建设快速，对能源、金属的消耗增加，资源型城市开发逐步加大，这一时期，资源型城市再次扩大。从数据显示，改革开放 10 年后，新增资源型城市 24 个，主要布局在中西部，其中 16 个能源型资源城市，5 个金属型资源城市，3 个林业型资源城，超过全国资源型城市的 1/3。

3.2.4　资源型城市发展的滞缓期：1990 年至今

从 1990 年至今，资源型城市整体布局没有太大变化，但是资源型城市的基础建设，设立标准都发生了变化。这一时期在国家的宏观方针下，资源开发发生了变化，国家着重加强资源基地基础建设，提高资源生产效率，加大资源开采力度，如霍林河、伊敏河、元宝山、准格尔等大型煤矿开采；塔里木大型油气开采；平朔安家岭露天矿开采。所以这一时期只设定了介休和肥城两个新兴资源型城市。

3.3　我国资源型城市的基本特征

资源型城市发展有其规律和发展特征。著名经济学家朱铁臻提出资源城市的通常特征：产业结构呈单一，稳态、超重型；产业技术结构单一；产业组织结构、科技结构、人才结构呈单一性资源城市的产业布局呈分散型；城市空间布局呈分散性等特征。国家计委国土开发与地区经济研究所指出资源型城市的普遍特征为：经济结构单一，资源产业为主，资本水平低，高失业率，城市形成的突发性，城市管理条块分割性。综合各种研究成果，对资源型城市提出较多不同于其他城市的特征。具体特征总结如下。

3.3.1　经济结构呈现单一特性

经济结构包括产业结构、就业结构、所有制结构和企业结构。

（1）产业结构单一。资源型城市几乎全部是依赖当地资源发展相关产业，这类资源型产业成为资源型城市的主导产业，城市的发展也与这些产业息息相关。如大同、鸡西、鹤岗、七台河、淮南、淮北、萍乡、平顶山、铜川等12座煤炭城市，与煤炭相关产业生产总产值占工业生产近一半；如石油城市东营石油采掘业占工业生产总值的比重为78%，石油加工业为8%，石油加工比重为86%，与东营相似的大庆石油产业占工业生产总值的93%。

（2）就业结构单一。由于资源型城市主要依托当地资源发展经济，因此从业人员大部分是在当地从事资源开采与加工，居民就业呈现单一特征。大同、鸡西、鹤岗、七台河等12座煤炭城市从事煤炭行业的从业人员占整个城市职工的约为34%，大庆现有人口是280余万人，城市人口100多万人，从事石油采掘业从业人员为20万人以上。铜陵、攀枝花、白银等一些资源城市资源加工业的从业人员占城镇职工的 34%。

（3）所有制结构单一。资源型城市的形成是国有制经济时期，所以大部分资源城市的资源企业是国有或者国有控股。以大同、鸡西、鹤岗、七台河、阜新等 12 座煤炭城市为例，国有控股及国有工业企业总产值的比重平均高达为 70%，有色冶金资源城市中如铜陵、冷水江、东川、攀枝花、白银 5 个城市产业中，国有或者国有控股的工业生产总值比重为 83%，资源型城市石油大庆、东营所占比重平均近 9 成。

（4）企业结构单一。企业是产业构成的基本单元，资源型产业的发展主要依靠资源型企业来支撑。资源型企业占据资源城市的主导位置，资源型企业是资源型城市的支柱，资源型企业数量、规模、生产总值、生产效率、职工数远远超高其他产业。

3.3.2　主导产业基本以上游产业为主

上游产业原指处在整个产业链的开始端，包括重要资源和原材料的采掘、供应业以及零部件制造和生产的行业，这一行业决定着其他行业的发展速度，具有基础性、原料性、联系性强的特点。根据微笑曲线理论，上游往往是利润相对丰厚、竞争缓和的行业，原因是上游往往掌握着某种资源，如矿产，或掌握核心技术，有较高的进入壁垒的行业。资源型城市的主导产业基本上都是以上游产业为主。产业链条分为上游产业和下游产业。上游产业的划定是指劳动密集型、能源密集型产业，产业产出以能源或原材料消耗为主。所以资源型城市产业大多数属于上游产业。从统计数据得出，大同、鸡西、鹤岗等 12 座煤炭城市煤炭上游产业平均超过了 50%；东营石油采掘业占工业生产总值的比重为 78%，石油加工业为 8%，石油加工比重为 86%，与东营相似的大庆上游产业占工业生产总值的 93%。

3.3.3 城市形成主要是国家计划控制的结果

资源型城市的兴起不是依靠区域要素的自然聚集，而是受到经历了一个突发、跳跃式的启动过程。在国家计划控制下的高强度的资源开发，使这些地区迅速完成了人口和产业的规模聚集，形成资源型城市。这就决定了资源型城市在发展中的不稳定性和脆弱性。我国资源型城市发展过程是：勘测资源，开发利用资源，国家规划，人口、企业同时集聚，形成城市规模，随着经济发展逐步完善为城市。一般周期较短，几年到几十年不等，集聚速度较快，开发资源带来的收益逐步完成城市建设，所以资源型城市的形成具有较强的突发性。以辽宁的抚顺市为例，资源未被勘测之前，荒无人烟，后来逐步开采，工人集聚，企业集聚，形成规模，逐步发展为今天的抚顺市。

3.3.4 从城市空间格局来看城市布局具有分散性

资源型城市在空间结构上的松散特征主要是受此地区资源的空间分布及其开发导向决定的。大部分城市都是"缘矿建厂、缘厂建镇、连镇成市"，呈现出"点多、线长、面广"的松散型态。以紧凑度系数表现我国资源型城市的松散程度，并将具体形态进一步概括为一城多镇型、多中心组团型和相对集中型三种形态。松散的结构增加了配套服务设施建设的费用，对城市建设造成很大困难。此外，资源城市建设需要避开地下矿产资源，众多原因决定了资源型城市布局的分散特征。我国的北部地区和西部地区城市布局分散特征更为明显，以抚顺市为例，2010 年抚顺市人口 238 万人，抚顺面积 11271 平方千米，人口密度每平方千米人数远少于全国城市密度。大庆市市区人口 121 万人，分散于总面积 5500 平方千米的 5 个城区，人口密度只有 220 人/平方千米。

3.3.5　政企合一管理模式导致城市管理条块分割

　　资源型城市管理体系不同于其他城市的管理体系。资源型城市管理主要是政企合一，由于资源型城市的形成是少数大型资源企业带动的。资源型城市形成的初期，为了便于管理与操作，通常采取政企合一的管理体制。企业领导和政府领导兼任，城市的发展、布局规划、城市的基础建设由企业领导人负责管理。资源型城市建设初期，城市较少，人口多是职工或其家属，此时，城市整体利益就是企业利益。容易实现资源有效配置，实现帕累托最优。随着企业逐步壮大，人口逐步积聚，相关产业的崛起，城市不断扩张，城市的管理体系逐步改变，城市功能逐步完善，城市的基础设施需要建设，整个城市的利益逐步脱离企业的利益。城市的领导权逐步由企业转向政府领导。但是企业领导仍然担任政府官员，政府和企业管理的分离是逐步的，但是速度相对较慢。在一些资源型城市中，企业仍然主导着一些城市的基础设施。在原有管理格局逐步被打破的同时，大企业代表企业利益，城市代表地方利益，两者冲突逐渐展开。在"政企合一"向"条块分割"转变的过程中，这种管理体制虽然有所改善，但是多数进展缓慢（见图 3 - 2）。

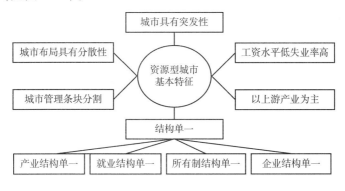

图 3 - 2　资源型城市基本特征

资源型产业的属性决定了资源城市的特征。资源型城市产业单一，依赖性太强，产业链条单一，依靠自然禀赋实现经济快速崛起。资源型产业通常是劳动密集型产业或者是资源密集型产业。实现资源型城市转型需要拉伸产业链，拓展产业渠道，提升产业结构。资源型城市的这些固有特征导致转变产业发展模式的难度极大，必须运用系统思维，统筹考虑，全盘布局，逐步从劳动密集型转向资本密集型产业，实现从资源密集型产业向技术密集产业转变，脱离对资源的依赖性，实现经济环境社会一体化协调发展。

3.4　我国资源型城市的发展桎梏

中国资源型城市目前面临的主要问题包括资源性企业负担重、部分城市经济增长缓慢、下岗失业人员多、生态环境破坏严重、城市区位不佳和基础设施欠账多以及城市管理条块分割等。

3.4.1　资源型企业负担重

资源型企业是指开采矿产资源、森林资源以及对这些资源进行加工的企业，主要包括煤炭企业、石油企业、冶金企业和森工企业等。这些企业基本上均为国有大中型企业，大多经营期在40年以上，现在相当一部分企业已背上了沉重的负担，主要包括离退休人员多、企业办社会支出大、税费负担重以及债务负担重。

（1）离退休人员多

资源型城市中的资源型企业，有的是在新中国成立前就已建立，有的则是在"一五""二五"时期建立，少则40年，多则近百年，至今形成了大量的离退休人员。尽管目前我国已经基本建立了较为完善的社会保障体系，大体实现了离退休人员的社会化管理，但是现在仍有不少大型国有企业要花费相当的人力物力开展离退休人员的管理工作，加大了这些企业的社会负担。

（2）企业办社会支出大

与我国其他类型国有大中型企业一样，资源型企业都自己办有学校、医院甚至派出所、消防队等社会事业。并且由于资源型企业初办时，大多没有城市依托，因而企业办社会的内容比其他类的国有大中型企业更多、更全。例如，黑龙江鸡西矿业集团办有大中小学 34 所，医院 14 所，企业派出所 6 个；河南鹤壁煤业集团办有中小学校 21 所，医院、卫生所 20 多所，加上其他社会职能，每年要支出资金 7300 多万元；河南平顶山煤业集团办有中小学校 34 所，幼儿园 25 所，每年用于中小学的教育支出达 8000 多万元；四川攀钢集团，办有中小学 33 所，幼儿园 32 所；甘肃白银公司办有 15 所学校及医院、公安、消防、环卫、生活服务单位，从业职工 4260 人。由于企业办社会耗费大量的精力、物力和财力，增加了企业运营成本，资源型企业承担越来越多的社会功能，负担也越来越重。

（3）税费负担重

中国资源型企业的税赋一般占销售收入的 10% 左右。造成资源型企业税赋重的深层次原因是，长期以来中国一直将资源性产业其列入第二产业，设计税收政策时与制造业同等对待，因而也征收了增值税，尽管采用的是 13% 的低栏税率，但由于资源型企业的进项抵扣少，故而增值税的实际税赋重。同时，资源型企业还要比其他类企业多缴纳资源税和资源补偿费。

（4）债务负担重

由于体制、历史、管理、资源、市场等方面的原因，有不少资源型企业生产经营效益差，造成了大量的债务负担。如葫芦岛的杨家杖子矿，原隶属于中国有色金属工业局，为大型钼金属采选企业，位于杨家杖子镇。始建于 1899 年，"一五"期间的全国 156 个重点项目之一，曾经是全国最大、世界闻名的钼生产基地。由于矿产资源逐渐萎缩、历史包袱不断增加等多种原因，此矿从 20 世纪 70 年代中后期开始亏损，到 1999 年 10 月末，累计亏损挂账达 2.6 亿元，只能依靠国家财政补贴维持运转。总资产 4.36 亿元（不含土地），总负债 6.12 亿元，资产负债率为 140%。1999 年 11 月，此矿宣布关闭，2000 年 2 月，按法律程序正式宣布破产。

3.4.2 城市经济增长缓慢

石油、煤炭、冶金、森工等资源性企业，大多是在计划经济体制下建立起来的老国有企业，不仅存在前述提到的负担重的问题，而且有机制不活、设备老化、冗员过多等一般老大型国有企业所拥有的共同弊端。此外，还面临着一些特有的困难，主要包括：一是一些地区面临不同程度的资源衰竭。如辽宁省北票市煤炭开采已有 120 年历史，目前基本没有可采储量，矿务局已整体破产。有的虽有一定储量，但大多埋藏深、品质差、地质条件复杂，开采难度大，在现有条件下企业难以取得效益。如黑龙江省鹤岗市虽有煤炭可采储量近 20 亿吨，但大多为深层煤，开采成本高，连年亏损，难以为继。二是新资源、新材料和新能源对传统能源、原材料替代的加快导致资源性产品的市场萎缩。三是长期以来，中国对资源型产品定价过低，使资源型企业积累较少。四是由于进入资源型产品生产的"门槛"较低，10 年来，一些乡镇和个体私营企业都加入了开采资源的行列，使煤炭等资源型产品的市场供大于求，大型资源型企业面临着小企业的竞争压力。五是出于生态保护的要求，森林采伐受到了严格的限制。上述各种原因叠加在一起，使相当部分资源型企业面临着前所未有的困难，具体表现为：生产规模出现萎缩，下岗失业职工增加；企业长期亏损，生产经营效益低下；资金周转困难，生产经营难以为继。

资源型城市是依托资源性企业而形成和发展的，资源性企业在资源型城市的经济地位举足轻重，其工业产值、税收、从业人员等指标基本都在40%以上，有的由高达80%～90%。因此，资源性企业生产经营陷入困境必然直接影响城市的经济增长活力。从投资看，大型资源性企业的投资一般要占全市投资总量的30%～50%，有的甚至达70%以上。资源性企业陷入了困境，企业的投资能力肯定上不去，全市的投资能力也必然上不去；从消费看，大型资源性企业的职工及家属要占全市城镇居民的1/5～1/3，资源性企业陷入了困境，职工及家属的消费水平定会下降，全市消费水平也必将下降，在绝大多数资源型城市中，资源性企业的收入水平是全市消费水平的"晴雨表"；从财政收入看，资源性企业所缴纳的税收一般要占全市财政收入的1/3以上，如黑龙江省的鹤岗矿业集团缴纳的税收占全市财政收入60%，资源性企业陷入了困境，城市财政也必然大幅度下降。同时，资源性企业的不景气还会形成"多米诺骨牌效应"。在资源型城市中，有相当多的企业直接或间接地为大型资源性企业配套，资源性企业陷入了困境，相关企业则无一幸免，从而对城市发展和稳定形成全面冲击。

"九五"期间，辽宁省的煤炭城市——北票市，经济出现了负增长为 -4.8%，黑龙江省的煤炭城市——双鸭山市，国内生产总值年均增长2%，2001年仅增长0.4%。辽宁省的煤炭城市——阜新市，经济增长率为2.7%。大同、鹤岗、淮南、冷水江等资源型城市的经济增长率分别为6.9%、7.4%、6.2%和7.6%，分别比所在省份的平均增长率低1.8个、2.5个、4.2个和3.3个百分点。有关情况参见表3.5。

表3.5　　　　　部分资源型城市"九五"经济增长情况　　　　单位:%

城市	"九五"增长率	城市	"九五"增长率
北票	-4.8	大同	6.9
双鸭山	2	鹤岗	7.4
阜新	2.7	冷水江	7.6
淮南	6.2	全国	8.1

注：数据由有关城市统计年鉴获得。

还值得注意的是，由于资源型城市经济出现衰退，导致了区域性经济增长缓慢。例如，"九五"期间，占全国资源型城市总量1/4的东北地区，经济增长速度比全国平均水平低1个多百分点，资源型城市约占全国1/8的山西省，其经济增长速度比全国平均水平低近2个百分点。

3.4.3 生态环境破坏严重

资源型城市除了一般城市所具有的"三废"污染外，还存在一些特有的生态环境问题，主要包括：

（1）资源开采导致矿区土地塌陷严重

矿区地面塌陷是所有煤炭城市面临的一个共性问题。据1998年调查，每采万吨煤形成下沉地面3亩。中国每年煤炭开采形成的塌陷土地1.5万~2万公顷。截至2001年，双鸭山煤炭采空区面积达116.6平方千米，塌陷区面积为62平方千米，涉及居民2.1万户，6.8万人。大同市50年累计生产煤炭20亿吨，形成采空区近4.5万公顷。山西省孝义市也现有土地塌陷面积达到1.5万公顷，占全市总面积的16%。安徽省的淮北市和淮南市土地塌陷面积分别达到1.47万和0.65万公顷。

（2）固体废弃物堆放造成严重生态问题

主要包括冶金城市的矿石堆放和煤炭城市的煤矸石堆放及电厂的粉煤灰堆放。据有关资料，全国历年积存的废石、尾矿累计占地6.7万公顷。据1998年调查，每形成万吨铁生产能力，需占地3.5公顷；每采万吨矿石压占土地0.5~1公顷。如黑龙江省的鸡西市，煤炭开采产生的煤矸石达1亿多吨，每年正以600万吨左右的速度增加，不仅占用了大片土地，而且严重污染了环境；陕西省铜川市现有煤矸石堆放量达51.6万吨；四川省的攀枝花年产生工业废渣1200万吨，占四川省的1/2，目前累计储存量达1.7亿吨，占地面积152万平方米。

(3) 水资源破坏导致矿区严重缺水

在中国资源型城市当中，水资源破坏现象较为严重，许多城市的水体多次受到污染，严重影响了作为饮用水水源地的水质，解决水污染问题已迫在眉睫。山西八大矿务局有 40% 的矿区严重缺水，60% 的矿区水质不佳。山西省大同市，是全国 100 个最缺水的城市之一，市区人均占有量为 220 立方米，相当于全国人均量 2400 立方米的 1/10，是山西省人均量 570 立方米的 39%。市区年均超采地下水 0.8 亿立方米，造成市区地下水位以年均 1～1.5 米的速度下降，已形成总面积 100 平方千米的地下水漏斗区。据不完全统计，全市有 13 个乡镇、110 多个村庄、11 万多人、2 万多头大牲畜，因水位下降、水井干涸而不得不到几十里外拉水。山西省孝义市也因采煤导致 11.4 万人饮水困难。

3.4.4　城市基础设施欠账多

众所周知，在资源开发中，中国长期以来是采用"一矿一城"的模式，即要开发哪儿的矿产或森林资源，就在哪儿建一座城市，这样一来，资源型城市大多是在资源开发的基础上形成和发展起来的，资源的禀赋及分布状况决定了资源型城市的宏观区位。据有关资料，全国约 80% 的资源型城市分布在资源丰富的中西部地区，相当多的城市是在穷乡僻壤或戈壁荒滩上建立起来的，不少城市如大庆、鹤岗、伊春、玉门、克拉玛依、个旧、乌海等深处内陆或边远的荒漠地区，而中国的经济重心则位于东部地区特别是东部沿海地区。因此，这种宏观区位条件对资源型城市的发展是很不利的。具体分析起来，这种不利，一方面表现在它们离主要的大、中城市和经济发达地区较远，或者说离主要的市场较远，增大了产品外销的运输成本；另一方面，难以接受经济中心的辐射，接受从发达地区流出的资金、人才和技术等生产要素。

从微观建城条件看，"一矿一城"模式的另一层含义就是大多数资源型城市缘矿而建，矿开到哪儿，城则建到哪儿。在这种情况下，一些矿区的建城条件很难满足一个正常城市对地形、交通、供水等方面的要求，有不少城市是建在低山丘陵上，如黑龙江的鹤岗市、双鸭山市、七台河，甘肃的白银市、四川省的攀枝花市等；有些城市因为缘矿而建而形成了一个非常分散的城市布局，典型的例子是黑龙江的伊春市、大庆市和安徽的淮南市。无论是城建山丘上还是分散的城市布局，都大大增加了城市建设的成本，使单位长度或面积的城市基础设施建设投资较一般城市高得多。与此同时，由于当时不注意或不重视城市规划，导致一些城市基础设施的建设极不合理，现在要改造起来已非易事。

在长期的计划经济时期，中国在各个领域基本上都是遵循"先生产、后生活"的指导思想，在资源开发过程中，重视直接进行生产的矿山建设，而忽视了人们生活的城市基础设施建设。因此，在资源性企业与地方政府实行"政企合一"时，处于青年期的资源型企业有能力投资建设城市基础设施，但由于受"先生产、后生活"的指导思想影响而没有花多少钱用于城市基础设施建设。到改革开放以来，人们已意识到城市建设的重要性时，"政企合一"的体制已被"条块分割"所取代，资源型企业没有义务花钱建城，而本该负责城市建设的地方政府因为财力有限而"心有余而力不足"。这样一来，资源型城市的基础设施建设滞后在所难免，远远落后于城市发展的基本要求。

3.4.5　条块分割问题突出

长期以来，作为资源型城市最主要经济主体的大型资源性企业，如石油管理局、矿业集团、钢铁或铜业公司等，一直由"条条"管理。近几年，除石油企业外，基本上都下放由省里有关部门管理。不管是归中央管，还是归省里管，对资源性企业所在的城市而言，条块分割问题仍然十分突出。一方面，表现为企业生产经营行为的短期化与城市要求实现可持续发展目标的冲突。近几年，大多资源性企业虽然名称上都进行了改制，如原来的"矿务局"改为"矿业集团"，但实际情况远没有达到现代企业制度所要求的"产权清晰、权责明确、政企分开、管理科学"等条件，企业作为政府附属物的情况没有多大改变，只不过去是中央某部门的附属物，现在变成了省级政府某部门的附属物，企业领导仍然是随着主管部门考核指挥棒转动。例如，目前某省有关部门对一个任期内煤矿企业领导的考核主要有两项指标：一是利润指标；二是安全指标。这种管理办法逼得企业管理者急功近利和淘空企业，必然使企业失去持续发展能力。而对城市来讲，尽管现行的干部体制也有令"书记""市长"为快出政绩而采取短期行为的因素，但就城市发展本身来说，则是要求实现长期的繁荣，实现可持续发展。

另外，表现为城市的供水、供气等公用设施和学校、医院等教育、医疗设施分属于资源性企业和城市政府，造成重复建设和资源浪费。由于绝大多数资源型城市都是由"政企合一"体制演变过来的，因此，资源性企业都办有供水、供气等城市公用设施和各种层次的学校及医院。在目前形势下，将资源性企业所属的供水、供气等单位移交当地政府，政府有积极性但企业积极性不高。因为城市的供水、供气等单位现在效益都不错，将其移交当地政府，资源性企业担心利益受损，即使是采取股份制的形式将资源性企业与城市所属的供水、供气单位合并起来，资源性企业也不积极。将资源性企业的学校移交当地政府，企业有积极性但政府没积极性，原因是政府要增加教育支出。学校移交有两种方式可供选择，一种是移交后资源性企业不再支付教育经费；另一种是移交后若干年内资源性企业继续支付等额的教育经费。如果是前一种，很显然，当地政府要增加原企业所属学校的开支。如果是后一种，尽管资源性企业继续支付等额的教育经费，但由于目前绝大多数资源性企业特别是煤炭企业的所属学校的教职工待遇均比当地政府所属学校低，政府接收后，则原资源性企业所属学校教职工必然要提高待遇，资源性企业原有的教育经费则不够用，需要政府额外增加经费，这对财力有限的当地政府来说也是难以承担的。将医院移交当地政府，资源性企业与当地政府都比较积极，因而进展比较顺利。这是因为大多数的资源性企业所属医院基本上处于收支平衡状况，由谁管理都一样。

城市公用设施和学校的"条块分割"使当地政府无法对其统筹规划、合理布局，造成资源浪费。如西北的某冶金城市，供水一直主要由资源性企业承担，但由于时间过长，设备已经老化，打算从国外贷款进口设备进行改造。与此同时，当地政府于 20 世纪 90 年代建了一水厂因为没有用户设备一直在闲置。又如东北某一煤矿城市，一方面，矿业集团的学校因为最近几年投入较少、质量较差而使学生纷纷转向当地政府的学校，出现校舍闲置；另一方面，当地政府举办的学校因为学生增加较快而不得不想方设法筹集资金新建校舍。等到将来的某一天，矿业集团所属学校与当地政府的学校合并后，很可能出现校舍总量过剩局面。

3.5　资源型城市发展困局成因

资源型城市诸多问题与矛盾使其面临城市全面衰退的现实。那到底是什么原因造成其衰退了呢？了解其衰退机理与原因是资源型城市"东山再起"的基本前提与要求。在充分分析资源型城市的形成发展机制与现状的基础上，分析得出其衰退原因是多方面的，也是互相影响交叉进行的，主要有以下几个因素：

（1）经济危困，原有单一的城市产业结构适应不了资源渐于枯竭的局面，经济增长和效益大滑坡，资源生产量难以维系甚至大幅度下调，销售收入锐减，利润也随之减少，但固定成本逐年增加，后续产业与多元经济脆弱，就业岗位不足，待业青年和部分老职工退休逐年增加，社会负担城市人口增加迅速，工业就业压力沉重，产业单一化且增长缓慢，城市产业结构过重。经济发展滞后，产业总体发展仍然停留在计划产品经济阶段上。企业产品结构单一，员工总体素养较低，成本增加和社会负担过重导致资源型企业的经济效益较差。

（2）空气、水、土地等自然环境污染严重，噪音污染也较严重，地表层损坏，植被破坏，林地、草地逐步退化、沙化和碱化。矿区开采后，水源受损，建筑物构筑遭到破坏，城市环境受煤矿石、粉煤灰污染，郊区农田大面积塌陷。森林过度采伐，年降水日数减少，平均气温升高，相对湿度降低，大风天数增加，火险等级上升，旱、水灾年份增多，水土流失加剧。生态环境的破坏导致附近地区农业失去绿色屏障。在经济开发和项目建设中，资源开发企业往往只从部门、地方的短期行为和经济利益出发，对区域植被的恢复和生态重建认识不够，对土地进行掠夺性开发、索取，加剧了土地石漠化。

（3）过于分散的城市布局造成了聚集效益较差。资源型城市的布局一般存在"点多、线长、面广"的不利局面。即使是相对集中的地域，也由于条块分割等原因存在各单位画地为牢、各自为政的问题，使相对集中区域也形成松散的结构。这不仅增加了配套服务设施建设的费用，而且浪费了土地，增加了经营费用，无论从现实还是从长远看，均是弊大于利。城镇体系建设尚未形成具有强大吸引力与辐射力的地域中心当前资源型城市市域尚未形成具有较高综合功能和综合效益的核心地域，尤其是作为生活服务中心，生产科研商服的生长点和辐射源的"技工贸"中心尚未形成，严重影响着矿区向城市过渡的进程。

（4）综合经济发展缺乏必要的优化组合空间，资源型城市建设的封闭性、高度指令性、内向性仍很突出，条块分割现象较为普遍。综合经济的起步和发展仍然很分散，未能形成较好的聚集效益和规模经济。城市现代化建设还缺乏发展综合经济的人才及其引入的良好环境；城市发展格局还不适应资源型城市战略转变的迫切需要。

（5）资源型城市是伴随着资源开发，矿区经济的发展而壮大起来的，在其发展的不同时期，为国民经济和社会发展做出了重大贡献。但是，资源型城市在计划经济体制下形成了城市产业结构偏重，城市增长方式比较粗放，城市布局随资源开发就近建设而过于分散等特点。产业结构单一、经济增长过分依赖自然资源的产出是资源型城市经济结构中最重要的特征，而且资源型城市产品结构中初级产品都占绝对优势。近年来，由于可采资源日益减少，资源开采难度越来越大，缺乏足够弹性的资源型城市的产业结构日益显示出其不合理性，资源危机进一步引发了经济危困和生态危机。资源型城市"三危"现象的产生是长期积累的结果。长期以来，我国自然资源的产、供、销几乎完全在计划体制的控制下运行，资源产品的绝大部分被国家几十年一贯制地以指令性计划调拨的方式拿走，进入市场的自主权极小。资源无价、原料低价、制品高价的价格体系使资源型城市缺乏足够的再生产及产品结构更新换代能力，同时也迫使资源型城市加大对自然资源的开采强度，所以一旦自资源开采进入后期，资源型城市必然出现"三危"现象。可见，资源型城市社会经济发展所走的是一条既"不持续"也"难发展"的粗放式的发展之路。

（6）城市基础设施有待进一步更新、完善和提高。资源型城市是长期按"先生产、后生活"的方针及基本建设"三边"政策的影响，各类建设普遍存在千楼一面、标准低、投资大、效果差的问题，城市整体风貌缺乏建筑、绿化、道路、色彩的整体搭配和协调整合比例，更缺乏特色和文化口味，这与资源型城市的进一步发展，人民生活水平的逐步提高、生活方式的现代化极不相适应。

3.6　资源型城市的发展出路

改革开放以来，由于工业化进程的不断加快，我国现代化建设取得重大成果。但是，我国的工业化是以高消耗、高产出、高污染为代价的，资源型城市是工业化的"主力军"。如今，我国工业化的成功伴随着资源城市的枯竭。资源型城市资源枯竭、环境污染、生态破坏等一系列问题阻碍着资源城市的发展，面对国际经济一体化的冲击，资源型城市产业需要在困境中寻求发展。国外资源型城市转型实践证明，随着资源的枯竭，资源型城市的产业可以消亡，亦可以振兴。基于我国基本国情，人口规模大、基础设施较差，工业起步较慢，经济实力尚不雄厚的情况，资源型城市转型是唯一出路。资源型城市历经多年发展，有一定的转型基础，同时也具有众多阻力。资源城市产业转型是本质上的改变，打破原有经济格局，触及众多人的既得利益，环境污染难以短时间改变。资源型城市转型过程，是资源城市经济体制、社会管理、生态治理、经济发展、改革创新等方面深层次的蜕变。转型是一个长久的过程，需要长期规划，是一个抓重点、抓主要矛盾解决实际问题的复杂过程。资源型城市转型不应该重复过去的老路，而应该立足城市发展现状，注重生态环境保护，实现经济、社会与生态环境一体化发展。

3.7　本章小结

本章从资源型城市的总体概况、典型分布两方面对我国资源型城市的现状进行了重点阐述，通过将我国资源型城市历史发展水平的探析，将其划分为快速发展阶段、平稳发展阶段、快速发展的第二阶段、滞缓阶段4个时期，并对各时期的资源城市的名称、数量及类型等进行了介绍。经济结构单一、上游产业为主、工资水平低而失业率高、城市布局分散、城市管理条块分割是我国资源型城市的基本特征，其中部分特征具有普遍性。通过明确资源型城市产业转型的必要性，突出了资源型城市现阶段发展的主要问题，特别是以企业负担严重、经济增长缓慢、生态破坏严重等方面最为严重，进而深入挖掘导致上述问题产生的原因，提出了"转型"是国内资源型城市后期发展的必经之路。

第4章　国外资源枯竭型城市转型实践与启示

实现衰退产业的转型与再生，是推动地区社会稳定和区域经济可持续发展的现实选择。由于国情不同，各国在解决这一问题上的做法不尽相同。为达到研究市场经济条件下我国城市衰退产业转型模式，选择美国、德国、法国、日本等具有代表性的市场经济国家的城市作为比较研究对象，对其城市产业转型的背景、政府干预、产业调整措施和新型产业扶持措施进行研究，为我国的资源型城市产业转型提供可资借鉴的经验。

4.1　国外典型城市衰退产业转型实践

4.1.1　美国休斯敦——从石油城发展成石油、航天、医疗三大中心

美国休斯敦市创立于 1836 年，到 1850 年面积仅 23 平方千米，人口 2000 多人，棉花是当地主要的经济作物。1901 年 1 月 10 日位于休斯敦东北部 90 英里的 Spindletop 油井喷出石油，从此改变了休斯敦的历史。20 世纪 20 年代末，美国各大石油公司总部迁移至此，休斯敦成为美国南部最重要的城市。在 60 年代以后石油开采业开始整体下滑时，休斯敦按产业链的延伸和拓展，加速了石油科研的发展，油气资源产业群也逐步形成并日趋完善，同时带动了为其服务的机械、水泥、电力、钢铁、造纸、粮食、交通运输和通信等多种产业的发展。联邦政府在休斯敦设立宇航中心，带动了为阿波罗计划全面提供服务的 1300 多家高新技术企业，使这些产业形成一个稳定的产业基座。休斯敦大学应运而生，迅速壮大，被誉为美国南方的"哈佛"。休斯敦经济社会发展的兴旺，吸引了来自全国各地甚至外国的人才，这反过来又进一步推进了休斯敦各产业的发展。休斯敦从一个像大庆一样以基本石油化工产业为主的城市，转型为一个具备综合产业体系的新兴现代化城市，已经完全摆脱了单一经济模式，成为产业

结构合理、城市功能完善的大型综合型城市。目前休斯敦是美国第四大城市，人口近 200 万，是美国西南部商品零售中心，石油、天然气以及化学与金属制品的最大集中地，也是著名的航天中心和医疗中心，其发展历程见图 4 - 1。

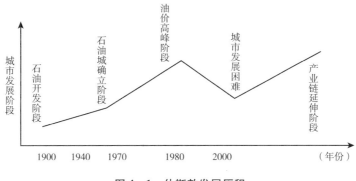

图 4 - 1　休斯敦发展历程

4.1.2　德国鲁尔区——从煤钢城发展成产业多元化城市

鲁尔区是德国最重要的工业区之一，素有"德国工业引擎"之美称。从 19 世纪中叶开始，煤炭产量始终占全国 80% 以上，钢产量占全国的 70% 以上。然而，由于世界能源需求结构的改变和科技革命的冲击，鲁尔区从 20 世纪 50 年代起逐步陷入了结构性危机之中。为摆脱危机，适应新形势下经济发展的需要，鲁尔区实施了一系列的老区整治措施（见图 4 - 2）。经过数十年持续不断的努力，鲁尔区以煤、钢为主导的产业，已被新的替代产业所取代，通过积极拓宽制造业领域，开发第三产业，成功地实现了经济结构转型。现在大部分矿山和钢铁厂关闭了，在煤炭污染过和炼钢炉烧烤过的土地上，是绿荫环绕着的高科技产业园、贸易中心和文化体育设施。

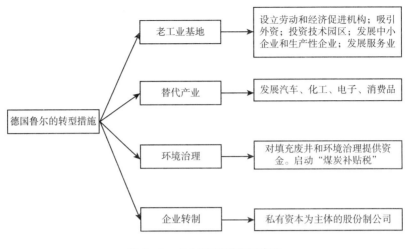

图 4 - 2　鲁尔转型措施示意图

4.1.3　法国洛林地区——基于企业园圃的产业转型

　　洛林地区位于法国的东北部，面积 24000 平方千米，人口 280 万人，这里有丰富的煤铁矿资源。19 世纪末期以来，洛林凭借资源优势迅速发展，主要依托煤炭、钢铁等基础工业成为法国重工业基地。但是 20 世纪 50 年代后，石油价格下跌对煤炭产生极大冲击，导致煤炭企业大量倒闭，引发了一系列诸如失业增加、经济滑坡等问题，煤铁等资源型产业逐渐失去竞争优势。为此政府专门成立了土地整治与地区行动领导办公室（DATAR，1963）和洛林促进与发展协会（APEILOR，1996）负责领导产业转型和区域规划，为促进替代产业的发展，采取了一系列措施（见图 4 - 3），如制定优惠政策，大量吸引外资；建立企业园圃，培育中小企业；加强职业技术培训，促进劳动力转岗就业。此外，法国政府和欧盟还为产业转型投入了大量资金，法国政府每年投入约 30 亿法郎，欧盟每年投入约 20 亿法郎。

　　为了保证洛林地区产业成功转型，法国还采取了把产业转型与体制转轨相结合的方略，以体制转轨带动产业转型。例如，洛林钢铁公

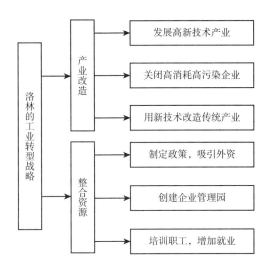

图 4 - 3　洛林产业转型示意图

司原来是国有企业，在转型过程中转变为股份制企业，国家只保留了9％的股份。在转型中为了解决劳动力就业，扶持创办了近百个企业，也完全是股份制和私营。洛林煤炭公司是法国最大的国有煤炭公司，在转型过程中，为了解决劳动力就业，也扶持创办了100多个企业，新建企业则完全脱离了国有，规模较大的采取了股份制的形式，规模小的完全是私营。

经过30多年的努力，洛林地区已顺利度过了转型期，完全改变了煤炭、钢铁的黑色形象，焕发勃勃生机，从一个以煤炭、钢铁等传统产业为主的老工业基地转变为以高新技术产业、复合技术产业为主，环境优美的新兴工业区。

4.1.4　日本筑丰地区——基于软着陆的产业转型

日本是个岛国，也是世界上人口密度最大的国家，其矿产资源十分贫乏，明治维新后的100多年时间里，日本在迅速完成国家工业化过程的同时，本土的煤炭等矿产资源也几乎消耗殆尽。第二次世界大战后，尽管日本根据自身特点选择了"贸易立国"战略，大量进口国外廉价资源和资源性产品，还制定了以长期、大量进口，并进行有计划的储备为核心的、完善的全球资源战略，但日本的矿产战略储备始于 1983 年，而在第二次世界大战后到 80 年代初期以前，日本开发本土的煤炭产业一度有很快的发展，并以产煤地区为基础，出现了一些资源型城市，如日本最大产煤区筑丰地区、福冈炭田和北海道地区等的一些资源型城市。20 世纪 60 年代后期开始，日本政府为减轻受煤炭产业衰退影响最大地区的就业压力，缓解煤炭产业衰退给此地域经济带来的负影响，采取了软着陆的循序渐进的产业调整政策，受此政策影响，80 年代末，一些原产煤地区就已基本摆脱了因煤炭产业枯竭而留下的负影响，出现了人口增加、地区经济繁荣的景象。90年代以后，在中央政府、地方政府和地方自治团体的共同努力下，许多受煤炭产业衰退影响严重的地区，经济上都基本得到了恢复。

4.2　资源型城市产业转型的比较

4.2.1　经济运行模式的比较

为保证经济、社会目标的实现，各国政府从不放弃运用政府职能对经济运行施加不同程度的影响和干预，政府干预市场经济是实行其职能的重要内容，发展市场经济的根本点在于寻求市场与政府两者间相对合理的结合点，而不能割裂两者的关系。政府对市场经济的干预和影响不是一成不变的，根据其对市场经济干预深度、广度和手段的差异，已逐步形成了三种典型的市场经济模式。以美国为代表的模式主要表现为，政府干预程度低，经济活动自由度比较大的自由市场经济模式，加拿大、澳大利亚也属此模式；以日本为代表的模式主要表现为，在政府的产业政策始终指导和促进下的政府主导型市场经济模式，亚洲一些国家和地区也与此种模式相近；以德国为代表的模式主要表现为，政府作用介于两者之间，有强大工会组织参与和高福利的社会市场经济模式，欧盟以及北欧诸国大致也属这种模式。

（1）美国的市场经济模式

自由市场经济模式强调市场经济主体按市场规律开展自由竞争，通过优胜劣汰配置社会资源，政府主要通过制定和实施一系列的经济政策的法律，保证竞争秩序和市场活动的运行。美国是实行这一模式的典型国家，其国有经济比重低，国有资本通常不介入竞争性行业；政府对经济的管理突出表现为间接管理，主要通过调解市场参数来间接引导企业的经营活动，很少干预微观经济活动。生产、流通、分配、消费等经济环节以市场调节为主，政府的职责是维护市场机制正常运转，保证竞争的公平和秩序。美国没有专门从事综合经济规划的机构，也从不制定任何产业政策，其资源配置主要通过市场分散进行。美国政府对经济的宏观调控主要是通过运用财政政策和货币政策调解经济活动。财政政策是美国经济体系的"内在稳定器"，政府一方面通过财政收入政策调解有效需求，利用增税或减税的方式紧缩经济活动或刺激投资和消费；另一方面通过财政支出政策，即通过财政预算的增减或财政赤字的增减，扩大或抑制社会的总需求。货币政策即联邦政府通过联邦储备银行，采取"紧缩"或"放松"银根的方法，提高或减少货币供应量，刺激或抑制总需求的政策。此外，重视为企业的经营活动创造良好的外部环境，从罗斯福"新政"开始，美国政府便对公路、港口、水利设施等公共工程进行大规模投资，20世纪50年代以后，美国政府加大了对人才培养和研究开发的投入，促进了人力资本的积累，为企业的发展注入了活力。

（2）日本的市场经济模式

政府导向型市场经济模式是指国家在肯定市场作用的同时，强调政府对宏观经济的调控，注重各种经济关系的协调，通过制定和实施一系列全国性经济计划进行宏观管理的市场机制。实行此模式的主要有日本、韩国和新加坡等国家。政府设立能够统一编制国家经济和社会发展计划的机构，并以国家计划的形式规定经济发展的中长期战略目标，计划是实现政府职能和经济管理目标的重要手段；政府对市场主体同时采取直接和间接的管理形式；政府不同程度地对整个经济活动进行干预。日本的经济计划职能机构包括经济企划厅和各省厅的计划编制部门。其经济计划主要包括中长期计划、短期计划、国土开发及地区开发计划。政府通过经济计划和产业政策，对经济特别是企业决策进行强有力的干预和引导。政府通过制订经济计划确定不同时期国民经济发展的重点和国家主要投资方向，引导企业发展。日本政府的计划基本上是指导性计划，即它无法律上或行政上的约束力，仅指明经济发展的走向，对企业无直接效力，但这种计划的诱导力量是强劲的。日本政府的产业政策是举世公认的最为系统的产业政策，对日本经济的腾飞立下了汗马功劳。日本将产业政策的侧重点放在对产业结构的调整上，并根据不同时期经济发展的形势不断转换。实行此模式的国家，政府对经济的干预基本上遵循由强到弱的运行轨迹，表现为在市场发育初期，政府参与经济活动的强度很大，手段也较严厉，随着市场机制的日益完善和成熟，干预则呈现弱化的趋势。

（3）欧盟的市场经济模式

社会市场经济模式始于第二次世界大战后的联邦德国，欧盟各国基本也属这种模式。其基本原则是竞争和秩序，社会发展与公平。认为市场的灵魂是竞争，但竞争不能采取自由的形式，而要公平竞争；坚持社会的整体性原则，注重社会保障和社会福利；强调国家对经济的宏观管理，但干预和导引的倾向点在于维护社会平衡。社会市场经济是市场效率和活动与高水平的社会保障之间的结合，包含两个密不可分的领域：一个是带来经济效率的市场，另一个是提供社会保障、社会公平和社会进步的社会福利政策领域。社会市场经济的特色表现在三个方面：第一，崇尚和保护竞争。经济体制的核心是以私有制为基础的市场经济，充分发挥市场机制的作用，鼓励企业及其商品在市场上择优汰劣，为此政府制定了一系列的法律来保证竞争秩序的规范、有序。第二，致力社会平衡，防止市场机制负效应的扩散影响。社会市场经济理论认为，经济增长必须与社会进步、社会平衡有机结合，尽管市场可以充分发挥生产要素的积极作用，提高生产效率，但竞争必然会带来两极分化，贫富不均的负效应，从而导致社会失衡。所以一个有效的市场经济体制必须同时具有经济任务和社会保障任务两方面的内涵，为此欧盟非常重视健全社会保障体系，维护社会公平，建立了非常完善的社会保障制度，社会福利的涉及面广。第三，政府对经济宏观调控的重点是控制通货膨胀，稳定货币，高度重视货币稳定。起到主要作用的是欧盟和成员国中央银行，中央银行有较大的独立性和权威性，这种体制保证了银行能够独立履行职责，完成稳定货币的任务。此外，欧盟各国的国有经济比重较大，尤其是在煤炭、石油、电力等基础产业领域国有经济占有很大的比重。政府注重协调与国有企业的关系：一是认同国有企业不是行政管理机构而是企业，承认它的自主经营权和管理权；二是由于国有企业的公有特性，认为企业在运作时必须考虑整体利益，而不能像私有企业一样毫不顾忌地把追求利益最大化作为活动的唯一宗旨。所以政府对企业的活动必须实施某种监督和控制，政府对国有企业的控制主要是以决策权力和监督权力来维护的。

4.2.2　转型模式与资源条件比较

经济运行模式是各国产业转型的机制基础，而城市的资源禀赋则是产业转型模式的选择的关键因素。美国地域辽阔，资源丰富，与之相对应，休斯敦在转型中采取了"发展主导产业—带动相关产业—完善基础产业"的转型模式，通过科技创新和技术进步，进行石油开采业的纵向拓展和横向扩散，提高了产品的加工深度和产业的广度，从而拓展原有产业链，整个城市已转变为综合性城市，实现了持续繁荣。同样地,鲁尔也是利用原有资源产业形成的产业基础,形成了多元产业结构。

法国洛林煤炭资源枯竭,开采难度大,成本高,但由于洛林在过去积累了良好的资金、技术和人才基础,因此采取了产业更新模式,断然关闭所有的铁矿和煤矿,坚持高起点进行转型,从一个以煤炭、钢铁等传统产业为主的老工业基地转变为以高新技术产业、复合技术产业为主,环境优美的新兴工业区。

4.2.3 政府行政干预比较

美国属于自由放任式,城市是兴盛还是衰败,政府很少控制,主要通过市场力量和企业自身发展目标决定。日本是产业政策指导下的产业援助,政府根据国内外市场的变化情况和煤炭产区的具体实际,制定和修改产业政策,设定目标和措施,筑丰地区的政府和企业按照中央政府的规划实施,同时对煤炭产区和煤炭工人等实行大量的财政援助,最终完成煤炭的进口替代。法、德等欧盟国家是政府领导式,政府成立专门委员会和其他组织,制定详细的目标、计划和政策,通过政府各部门、社会各界的通力合作,调整产业结构,促进地区产业进步和经济发展,最终实现区域经济的腾飞。

根据以上各国的典型实例,我们可以这样总结一下各国城市衰退产业转型的过程中政府的不同角色:法、德等欧盟国家是政府领导式,为解决城市衰退产业转型,政府成立专门委员会和其他组织,制定详细的目标、计划和政策,通过政府各部门、社会各界的通力合作,调整产业结构,促进地区产业进步和经济发展,最终实现区域经济的腾飞;美国属于自由放任式,城市是兴盛还是衰败,政府很少控制,主要通过市场力量和企业自身的发展目标决定,企业投资的流向对城市产业的发展方向起决定性作用,而这种资金的流动主要受各地区的资金报酬率的影响,因而区位好的城市一般转型比较成功渐渐发展成为综合性城市，而区位较差的地区则渐渐走向衰落；日本是产业政策指导下的产业援助，日本煤炭产业转型的整个过程，政府的产业政策和产业援助起了决定性作用，政府根据国内外市场的变化情况和筑丰的具体实际，制定和修改产业政策，设定目标和措施，各煤炭产区的政府和企业依照中央政府的规划实施，同时对煤炭产区、和煤炭工人实行大量的财政援助，最终完成煤炭的进口替代。美国的做法比较简单，但是社会负担的成本过高；日本的做法比较易于模仿和实行，但是政府的负担过高；法、德的做法比较复杂和系统，但是需要各方面的支持。各国处理城市衰退产业转型问题的做法之所以千差万别，是因为各国地理、历史、政治、经济各不相同的缘故，也就是说这是对于历史上处理经济问题的制度和措施的"路径依赖"。

所谓路径依赖，是具有正反馈机制的体系，一旦外部偶然性事件的影响被系统所采纳，便会沿着一定的路径发展演进，而很难为其他潜在的甚至更优的体系所替代。路径依赖是制度经济学中的概念，在制度经济学，利用路径依赖主要分析技术变迁、制度变迁等问题。制度变迁是指用效率较高的制度安排替代效率较低的制度安排，当一项制度建立以后，其他组织会向这一制度学习，以便于同其他组织的协作，这种制度的地位会日趋牢固，由于各组织都遵从这一制度，交易费用递减会带来的报酬递增，从而使这项制度更加稳定。要想由此变迁为使用另一种制度，变迁成本过高，在这种情况下，即使另一种制度比当前的制度优越，不但不会有太多组织去自动适应新的制度，而且新制度很可能受到大多数组织的反对，系统会沿着以往的路径前进，这就是"路径依赖"。

各国政府所采取的措施和所扮演的角色无所谓孰优孰劣，之所以这样是因为这是对以往经济制度的一种路径依赖，也就是说，采用这样的方式对于各国而言符合习惯的做法，是成本最低的方式。使用其他的手段，实施成本会远大于现在采用的方式，大多数企业和个人是不能接受的。例如，如果美国采用欧盟国家的做法，政府不愿意增加自己的麻烦，企业也会认为自身利益受到伤害。比如，如果美国采用欧盟国家的做法，政府不愿意增加自己的麻烦，企业也会认为自身利益受到损害，很难合作；日本的产业政策虽好，但是在美国实施同样的政策可能会遭到绝大多数公司的反对。

（1）法国和德国的政府干预

这两个国家的经济体制都是市场机制和国家调控相结合。德国的社会市场经济体制是这样的，在微观领域利用市场机制，企业运行的基本原则是有效竞争，在所有制结构上，私人企业占主要部分，国家所有制企业控制与公共利益有很大关系的部门如交通运输、水、电、煤气、住房、保险等，为了维护自由竞争德国制定了一系列的法律制度《反对限制竞争法》和《反不正当竞争法》等。但是在宏观领域政府提出有限干预，即政府应该在需要时，尽可能地、及时地对经济运行调控和干预。这是源于"弗赖堡学派"和"新自由主义学派"的经济思想。德国政府通过对价格控制、财政和金融工具等的使用直接或间接地对国家经济进行有力的干预。当资源型产业成为社会负担时，一方面，资源型企业和国家控股的部分公司如电煤气等有着密切的联系；另一方面，国家的历来就是在危机来临时对危机产业提供援助，因此对资源型产业进行干预和援助是非常合理的。与德国的类似，法国是有计划调节的市场经济体制，经济调节制度上采用市场调节和计划调节相结合的办法，而且法国制定国家计划时给予私人企业、工人消费者参与的机会，这使国家计划代表大多数人的利益，而且实施困难较小。法国虽然大部分企业是私人的，但是资源型产业如国家煤炭公司是属于国有的。因此从这两点来看，国家对于资源型产业都十分重视，对于资源型产业的衰落不能坐视不管。

另外，这两个国家的工会力量非常强大，由于参加工会的雇员可以从工会得到利益，因此参加工会的雇员数量巨大，工会不仅参与工资谈判，在企业发展威胁到职工利益时，也是职工利益的代言人，工会也不能容忍放任资源型企业破产，大量工人失业的情况出现。他们也要求国家应该对资源型城市经济进行结构调整,安置下岗职工。这两个国家的左翼力量也十分强大,共产党、社会民主党、自由党等左翼政党在议会中占有一定席位,这些左翼力量也要求国家对经济实施干预。在这种情况下,采用美国的那种放任不管的转型措施必然受到企业、工会的反对,社会压力相当大;在转型之初,国家也试图采用日本的产业援助的措施,通过资金援助衰退产业,希望能帮助这些夕阳产业重振雄风,由于这两个国家资源型产业的规模大、历史长、积累下来的问题过多,单纯的产业援助不能解决实际问题,而且还越援助越亏损。

因此,法德两国在处理资源型城市产业转型的问题上主要使用国家直接领导,利用市场机制,调节产业结构,促使产业升级的办法。这种措施易于得到企业和工会及社会各界的配合。两地都成立了专门的转型机构,制定了全面的转型战略,由产业援助转向发展符合时代要求和本地区情况的替代产业。为配合发展替代产业还有一系列的辅助措施,如改善投资环境、招商引资、安置下岗职工再就业等措施。通过这些积极的手段,调整了地区的产业结构,增强了地区的竞争力,最大可能地降低了社会的动荡。由于初期走了许多弯路,转型的时间也较长。

(2)美国的政府干预

美国是典型的自由经济国家,美国各级政府对经济不作过多的干预,主要利用市场上价格信号和少量的货币政策和财政政策,美国的私人经济在社会经济中占主导地位,在资源型产业中基本上没有国有成分,各资源型企业希望通过自身的决策实现企业发展的目标,而不希望受到政府的影响。美国的资源型城市的发展历程充分验证了自由经济的结果。

当发现矿藏时,许多公司蜂拥而至,大量投资于开采资源,伴随着资源开采,许多商业和服务业部门接踵而至,矿区开始繁荣起来。各公司会根据市场情况和公司的经营目标决定经营策略,继续投资,发展下游产业和配套产业、使用新设备等决策都会因市场和当地情况的不同而进行取舍。由于美国交通发达，大量资源型产品都运输到最适宜处理的地方进行深加工，因此大多数的矿区缺乏后继投资、没能发展起替代产业，矿区的经济规模有限，基本上维持在一个小镇的水平上。

到了开发的衰退期，由于开采难度加大，开采成本增加，许多公司会撤离矿区，去追寻新的资源。余下的公司会选择采用高效率的新设备，增大资本投资，在大量解雇工人的同时，低价外雇部分矿工，降低人员成本。许多工人无法就业，便离开这个矿区到其他城市，矿区内经济渐渐萎靡，导致更多的人离去。到了开采殆尽时，资源企业撤除，绝大多数的人离开了矿区，只剩下少量人可能以农业为生，有的矿区甚至空无一人。美国就有上百座由于资源开发殆尽而人去城空的"鬼城"。而新近采用的长距离通勤模式，也是为了适应当前情况，节约成本而采用的，是资源型企业自发采用的，也不是政府作用的结果。

美国也有如休斯敦这样的转型成功的资源型城市，这与美国的经济特点也分不开，休斯敦既是石油城市又是海港，休斯敦开发的过程中正处在石油需求增长的时期，因此在石油开发的过程中，许多石油公司都纷纷在休斯敦设立分部，由于其石油储量巨大，许多公司开始发展下游产业，石油化工得到发展，带动了配套产业的发展，在美国，资金和人才流向报酬率较高地区的倾向十分明显，这使大量的资金、人才流向此地区，当石油危机来临时，此地区已经发展了许多有竞争力的替代产业。

美国采用这种放任不管的措施，主要还是因为一般矿区的规模比较小，从业人员少，城市规模小，一般只是小镇的程度，开发完毕之后，转移比较容易，从业人员对这种流动和转移习以为常。而对于一些大型的矿区，由于其开发潜力大，吸引大量资源型企业涌入，同时也吸引各类的辅助行业的进驻，渐渐发展成为综合性的城市，如休斯敦和洛杉矶就是典型例子。由于美国的资源型产业中工会的力量不强，从业人员加入工会的又不多，因此工会无法代表工人的利益同雇主谈判，企业在裁员时遇到的阻力较小。一般企业会承诺提供一定数额的补偿金给被裁的雇员，但是若企业情况不好，这部分补偿金是无法得到的。政府对于资源型产业中的失业人员，主要利用社会保险、失业保险等措施进行援助，保证其基本生活。

（3）日本的政府干预

日本是个岛国，人口众多、土地稀少、资源匮乏。第二次世界大战之后，由于发展经济的需要，日本需要大量煤、铁、石油等资源，除了煤矿以外其他矿产日本储量极少，仅依靠国内的供给无法满足经济需求，必须大量进口以替代国内生产，而国内的资源型产业，主要指煤炭产业由于储量有限，必须根据市场情况逐步从国内生产调整到依赖外部廉价煤炭以适应经济发展的需要。

第二次世界大战以后，日本政府关于经济政策与盟军达成了两个方面的一致，即：①经济决策力并不最终取决于政府；②军国主义绝不能成为国家目标。也就是按照盟军的要求改造日本经济，但这种方式加重了市场处理信息的负担。因而在 20 世纪 40 年代后期和 50 年代早期，为了迅速达到战前的水平，政府不得不直接控制，来掌握资源的分配。之后，政府意识到了今后自己的责任在于：①帮助探索经济目标的一致；②以控制而非行政方式来行使决策权。从此日本政府着重强调国家在多方面的重要作用，国家为经济增长和发展趋势提供动力和方向。国家有选择地进行干预，在保证不仅有高的投资率，而且把投资适当的分配到能导致增长的部门方面，已成为一个重要的促进因素。除了由日本国会批准经济总政策以外，政府还以更直接的方式插手商业活动。有关的政府机关监督各工业部门，内阁的有关省则监控整个经济的各个部门。国家开始制定一系列针对产业发展、产业结构调整、产业保护、产业组织等方面的政策，由此渐渐发展成为利用各种产业政策指导经济运行。日本的产业政策理论是世界公认最为系统、成功的产业政策理论，而且现代产业政策理论的研究也就是从日本的产业政策开始的。因此，在解决煤炭这样的"夕阳产业"问题时，日本政府自然而然地首先采用产业政策这一法宝。

日本能够顺利实施产业政策和日本的经济结构也有很大关系，在微观领域日本的企业制度比较有特色，日本的企业集团在经济中占有主要地位。这些以大财阀、大银行和大企业为核心的垄断性企业集团，直接或间接控制着大部分的日本经济，无论是集团内部还是集团之间都有着千丝万缕的联系，并且这些企业集团和政府有着更加密切的联系，政府的重要部门都受到这些集团的控制，而这些企业集团也自然遵从政府的计划和政策。一项产业政策出台，本身代表了大部分资本的意志，因而实施成功的可能较大，长此以往，企业对于国家制定的产业，就像法律一样遵从。

尽管煤炭产业在日本经济中的比重较小，但是由于它是劳动密集型产业，因此煤炭关闭带来的社会影响却不小。日本为防止出现社会动荡，对煤炭产业还是比较重视的。日本的政府补贴的办法是比较行之有效的。补贴的资金一部分来自政府财政，一部分来自企业，日本产业援助的力度比较大，涉及的范围也比较广，包括煤炭产业、公共事业、基础设施及对下岗人员的补贴和培训等。

日本的这种措施很明显成本非常高，由于日本煤炭产业的规模有限，最多只有5000万吨的产量，衰退期产量只有1000万吨，因此政府是支付的起的，但日本政府对煤炭产业的认识也缺乏前瞻性，在转型的过程中也走了许多弯路。

4.2.4　新兴产业扶持措施比较

发展替代产业，欧盟国家和日本的做法都比较有成效，它们制定多种政策改善投资环境，吸引外来投资，发展中小企业。而美、加、澳等国家则主要依赖市场自发调节，辅以财政和金融手段。

4.2.4.1　投资环境建设

改善投资环境，包括建立良好的经济秩序，加强道路、通信、环境、科、教、文、卫等公用事业的建设等措施，是吸引外来投资、促使企业进入和建立的先决条件。

日本就是通过加强基础设施和公用事业的建设，提高产煤地域的吸引力。如日本 1981 年制定"特定事业促进调整"方案，专门支持公共事业，包括保健卫生设施事业、社会福利设施事业、环境卫生设施事业、城市规划事业、社会教育设施事业等。

日本对于振兴产煤地域对道路、港湾、渔港、公共住宅、住宅地区进行改善，对河流、海岸保护设施、林地荒废、滑坡、坑害复旧等特定公共事业加强修护，当地区的负担超过通常的事业费时，将企债年利超过 3.5% 部分的金额由国库来补给。1965～1994 年，适用于这项对策的利息补给额达 355 亿日元，企债许可额合计 2060 亿日元。为了振兴产煤地域市町村进行的特定公共事业，通常的国库补助率可上调到 25% 的范围内。1965～1994 年，日本产煤地域所有市町村的因国库补助率上调而增加的金额达 1584 亿日元以上。产煤地域一般都不具有丰富的水资源，确保工业用水就只能依靠小水系河流的开发。从 1965 年开始对产煤地域的小水系水源开发给予最高至 35% 的事业费补助，从 1967 年起将此标准上调到最高至 45%。1962～1995年，日本用于产煤地域工业用水开发方案的补助金约达 93 亿日元。

又如地处鲁尔地区中心位置的多特蒙德，因其一直是客货运输的枢纽，为了经济的持续发展和吸引更多的企业前来投资办厂，现已投资建成了多特蒙德—威肯德飞机场新跑道；修建了以多特蒙德为中心的铁路，开通了到柏林、伦敦的航线，形成了跨地区、跨国际的交通网。除此之外，多特蒙德地区还在向高级信息与通信中心的方向发展。现在此区内有报刊 6 家，1 家州广播电台，1 家德国出版局以及多家私营电台。在个人通信方面，地区现有 170 多家图片社和广告公司。交通信息等基础设施事业的迅速发展，为区域内经济的发展拓展了更为广阔的空间。

4.2.4.2 吸引外来投资

利用外来投资发展替代产业是资源型城市产业转型的一条捷径。各国为了吸引外来投资，都制定了大量优惠政策，主要包括用地优惠、融资优惠和税制优惠等。土地价格是影响企业生产成本的一个重要方面，对企业的投资意向有着十分重要的影响作用。为吸引企业投资，鲁尔地区制定了十分诱人的土地价格：鲁尔地区繁华地段土地售价约为每平方米100马克，一般地段售价为每平方米57马克，仅是慕尼黑土地价格的1/10。鲁尔地区写字楼每平方米月租金为16马克，仅为柏林市租金的1/3。便宜优惠的场地为提高鲁尔地区企业的经济效益，吸引更多的投资创造了良好的条件。

日本为了培育煤炭产区的替代产业，制定了企业吸引政策，主要包括融资和税制两个方面。融资优惠是通过地域振兴整顿公团，对进入产煤地的企业设有长期低息的设备资金融资和长期运转资金融资以及工业团地的建造和长期低利转让等。税制上的优惠措施表现为地方税（含不动产取得税、固定资产税、事业税）的减免，而所在地方税收减收额的80%由国家补贴。其他措施还包括对结构调整产煤地域中的中小工商业企业的特别贷款对策及信用保险特别措施等。

4.2.4.3 培育中小企业

发展替代产业一方面要吸引外来投资，解决经济调整资金不足的问题；另一方面要在积极争取大型企业的进驻的同时，大力发展中小企业，为大型企业提供配套服务，在本地区形成产业聚集，组成企业网络，这样有利于提高地区的竞争优势。

（1）美国对中小企业的扶植

美国对中小企业的扶植主要由小企业管理局主导的融资安排。美国对中小企业的政策性贷款较少，政府主要通过小企业管理局制定宏观调控政策，引导民间资本向中小企业投资。在美国，中小企业的融资渠道主要有 6 个：①中小企业主自身储蓄，占中小企业投资的45％。②中小企业主向亲朋的借款，占中小企业投资的13％。③商业银行贷款，中小企业由美国小企业管理局担保，从商业银行等金融机构贷款，贷款利率比这些银行向大企业贷款高出 2％ 个百分点。④金融投资公司贷款，由美国小企业管理局主导的中小企业投资公司和风险管理公司获得的贷款与商业银行贷款一起，约占中小企业资金来源的29％，但中小企业投资公司和风险管理公司投资的贷款利率更高、条件更灵活。⑤政府资助，小企业管理局提供数量很少的直接贷款，约占1％。⑥证券融资，少数中小企业可以通过发行企业债券和股票向私人投资者筹集资金，这部分资金约占4％。中小企业的资金除了自身储蓄和向亲朋借贷外，其余大部分是来自小企业管理局主导的借贷和融资。

以税收减免为主的综合扶植计划。主要包括：在税收和贷款方面给予小企业以特别的优惠；简化小企业申请贷款方面的手续，缩短审批贷款的时间；鼓励私人对于小企业在经济管理和发明创造方面的支持和帮助；在外贸、能源和技术发明与创造方面为小企业提供良好的机会；对难以从政府得到订货合同和贷款的小企业给予帮助。

以鼓励技术创新为导向。近几年，小企业管理局根据联邦政府意图，加强了对中小企业担保、直接贷款和鼓励创新的措施。政府还建立了以培育小企业为主要职能的技术孵化器，其主要目标是通过将技术、诀窍、企业家才能与资本联结在一起，为技术导向的企业发展提供支持。

（2）日本的中小企业的扶持

资金支持。为解决中小企业发展资金短缺问题，政府于 1949 年成立了以中小企业为支持目标的国民金融金库。对那些经营活动符合国家经济发展计划或采用节约能源工艺和知识密集型工艺的企业，在资金短缺的情况下，经批准可按最低利率在金库获得贷款。视其情况可以延长还款期限，对小型企业还实行无抵押贷款。1953 年又成立了进行长期贷款的"中小企业金融公库"，并制定了《信用保证协会法》，建立了中小企业"信用保证制度"和信用保证协会为了实施设备现代化政策，政府分别于 1954 年和 1956 年制定了《设备现代化资金贷款制度》和《中小企业振兴资金扶植法》，1963 年制定了以向中小企业提供增资资金的《中小企业投资育成公司法》，1967 年设立了中小企业振兴团，与地方政府一起专门为中小企业的公共事业提供特别优厚的长期低息贷款。

税收优惠。日本政府对中小型企业实行多种税收优惠。规定年利润低于 769 美元的企业不纳利润税，这对于企业收入绝大部分用于支付工资的小企业来说都可以享有这种优惠；对于年利润低于 62 万美元的，按 28% 的税率缴纳；利润额较大的中型企业，则按 37.5% 的税率纳税。

经营指导。日本政府在县以下设立对中小企业经营管理进行诊断、指导的机构。并有人专门从事企业诊断指导工作，对于这些人员还授予"企业诊断士"的职称。除此之外，政府还建立了地区、省和国家三级培训体系，帮助中小企业系统地培训和提高员工的技术水平。同时还利用国家科研中心的潜力支持中小企业，经常无偿向中小企业转让专有技术、科研成果与试验设计成果，并津贴中小企业与科研部门联合进行科技开发。

咨询服务。由于中小企业人力和资金有限，很难建立起自己的信息情报系统，政府利用自己的咨询体系，为中小企业提供服务。主要包括信息咨询、经费管理咨询、法律法规咨询，以及财政、税收和会计核算等咨询，这种服务也可以通过自愿和合作的方式提供，但都是自愿和免费的，所需经费由政府预算予以补贴。

（3）德国鲁尔地区对中小企业的扶持

鲁尔地区政府制定了一系列措施扶持中小企业发展。为解决中小企业资金紧缺的难题，德国政府设立"欧洲复兴计划""新企业投资项目"，在向中小企业提供优惠贷款时并提供信用担保；设立州内跨行业的培训中心，采取脱产、半脱产和业余培训等灵活多样的形式，为企业培养各类专门人才，提高中小企业的职工素质；颁布了《关于中小企业研究与技术政策总方案》等有关文件扩大对中小企业技术创新的资助，帮助企业开展技术创新、改造和技术引进，增强产品竞争能力；多次修订《反对限制竞争法》，其核心是反对垄断、鼓励竞争，以保护和扶持中小企业。由于上至德国政府，下到州政府对中小企业的大力扶持和保护，使鲁尔地区的中小型企业数量大增，这些中小企业涉及微电子、橡胶、化工、工艺品制造、手工业等各个领域。中小企业使用新工艺，生产新产品，对过去传统的以大型工业占主导地位的企业规模结构起到了良好的综合平衡作用，为鲁尔地区的生产发展带来了活力。

（4）法国洛林对中小企业的扶持

洛林地区的产业转型，也很重视发展中小企业。为了培育中小企业，使之健康发展，成立了企业园圃。企业园圃的主要工作任务是：帮助公司制订起步计划，帮助新公司成立，并在初期为之提供各种服务。新创立的公司可以有两年时间在园圃里实习，那里有现成的厂房、车间、机器、办公室等，所有服务性设施都是大家共同使用的，所以建厂费用很低。企业园圃设有专家团，并为在这里创办企业配有专家顾问，随时帮助企业解决发展过程中出现的问题。等企业主积累了一定的生产经营经验后，再出去发展。这种方式对解决中小企业办厂初期遇到的各种困难，使之得到较快发展起了很大作用。一个企业园圃每年大约扶持创立 20 个新企业，帮助 10 个企业转型。为了给企业提供较好的技术支持，园圃积极推进产学研合作，协助企业、科研机构和高校之间进行沟通。这些措施对解决中小企业办厂初期遇到的各种困难，使之得到较快发展起了很大作用。

4.2.5　产业调整措施比较

4.2.5.1　产业援助政策

（1）美国对衰退产业的调整援助

第一，加强立法，为衰退产业调整中的劳动力转移、再就业提供法律保障。美国政府1962年通过的《劳动力开发训练法》，目的是重新训练来自衰退产业调整转产的失业工人。1972年批准了《综合就业训练法》，强调增拨资金，用于技能单一而失业和结构性失业人员的培训，提高这些人员再就业技能。1980年实施的《职业培训合作法》也为结构性失业人员的再就业培训提供了法律保障。此外，联邦政府还制定了针对特定衰退产业调整援助的法律及各种临时性的调整援助计划，如《地区性铁路改造法》和《地方性铁路重新组织法》等。这些法律详尽规定了铁路重组方案和失业人员的救济、再就业方案。美国实施的较大调整援助计划有1962年制定并一直使用至20世纪80年代的贸易调整援助计划，援助对象是受进口竞争压力而衰退较严重的产业。

第二，对衰退产业的调整资助以鼓励技术创新为主。为落实制定的各项法律及调整援助计划，美国政府提供了必要的资金支持，主要是资助企业进行研究开发，在资本援助上，国防部起到了重要作用。与国防装备有关的基础产业衰落时，国防部直接提供研究开发费用和早期试验费用，为国防装备采购中标的供应商提供新技术开发种子资金，鼓励供应商进行技术创新。如美国机床工业在20世纪80年代衰退较严重时，国防部不仅直接资助R&D费用，而且出面联合110家机床生产商与用户公司、大学或研究机构组建了全国制造科学中心。由政府出面联合企业、大学或研究机构成立开发中心，推动企业的技术创新，这是美国衰退产业调整援助的主要特色。

第三，利用市场指导和贸易保护措施对衰退产业进行适当保护。

美国对衰退产业的调整并不是一味地强调退出，而是对不同类型的衰退产业采取不同的调整方法。例如，在对一些国民经济发展过程中不可或缺的衰退产业采取了适当保护措施。最典型的方法是对农产品市场进行秩序管制，主要内容是产出限制和分类定价。市场秩序管制的覆盖面很广，约 95% 的新鲜桔类和 80% 的牛奶受到管制。美国的贸易保护政策直接针对国内的衰退产业。美国虽然历来标榜推进自由贸易，但自由贸易主要是针对其国内具有较高竞争力的高科技产业而言，而对衰退产业则壁垒高筑，设立较高的进口配额、关税等保护措施。

（2）德国对衰退产业的调整援助

鲁尔区是德国对衰退产业调整最成功、最具代表性的地区。20世纪 60 年代以来，联邦政府制定了政治和改造的一系列规划和政策措施，使鲁尔区在经历了产业结构调整以后逐渐走出困境，重新成为欧洲产业区位条件最好的地区之一，显示出了良好的发展前景。

第一，建立统一的规划机构，对衰退产业的调整进行整体规划。1920 年成立了鲁尔煤管区开发协会，专门负责制定衰退产业的政治、发展规划，协调市县各项建设事业，其活动经费由各市县分摊，服从于州内政部领导，它是德国独有的机构。此机构对鲁尔地区进行整治与改造的整体规划和重点倾斜政策主要有：一是对煤炭、钢铁工业改造提供资金援助；二是降低投资税、运用补贴和价格手段支持煤炭工业的发展；三是由政府向在鲁尔地区新建和迁入的企业提供低息贷款和就业赠款。

第二，注意新兴产业的培育。鲁尔区本着积极发展新兴工业，同时改造传统产业的指导思想，大力促进产业结构由单一化向多元化转变。为此鲁尔区对煤炭、钢铁等传统支柱产业进行技术革新，积极开发具有竞争力的新产品，同时通过引进新技术使产品升级换代，使鲁尔区拥有了一批具有竞争力的拳头产品，在一些产业的衰退过程中逐渐培育出新兴产业。

第三，改善投资环境，吸引外来企业投资。为改变产业结构的单一性，联邦政府、北威州政府和鲁尔开发协会注意引导、促进产业结构的调整。而调整产业衰退地区的产业结构关键在于增强区域吸引投资的能力，改善区域基础设施、培养高素质人才队伍、提供便利优惠的投资场所等软硬投资条件。在这方面，鲁尔区主要做法有：加强立法，取消一些不合理的规定，改善交通设施，加快信息产业的发展，为外来企业提供优惠的商业用地，加大教育投资力度，加速了职业培训等。鲁尔区劳动力充裕、交通便利、科研力量强，又有巨大的消费市场，具备发展新兴工业的有利条件，加之上述措施的有力执行，使鲁尔区的新建企业迅速增加。1985~1988年新建企业数量增加41%，大大超过同期全国的平均水平。这类企业多是技术含量高的中小企业，产品种类繁多，有汽车、炼油、化工、电子及服装、食品等。这些企业的发展为鲁尔区的经济复苏注入了活力。

（3）法国洛林对衰退产业的调整援助

第一，适应市场竞争，高起点进行工业转型。一是根据国际市场需求发展新产业，改变单一的产业结构，如发展计算机、激光、电子、生物制药和环保等高新技术产业；二是应用高新技术改造传统产业，实现钢材、机械、化工、电厂生产过程的自动化，产品向高附加值方向发展；三是坚决放弃成本高、在市场上没有竞争力的产业和产品，面对已经完全丧失竞争力的煤炭和铁矿开采业，断然采取措施，关闭了所有的铁矿，并规划到2005年关闭所有的煤矿。

第二，结构调整与体制转轨紧密结合，以转轨带动转型。洛林煤炭公司原是国有企业，在结构调整过程中为了解决劳动力就业，扶持创办了100多个企业。新建企业完全脱离了国有体制，规模较大的采取股份制的形式，规模较小的则完全采取了私有形式；洛林钢铁公司经历了由私有到国有，再转为股份公司的过程，国家只保留了9%的股份。

第三，建立企业园圃，培育和发展中小企业。为了培育中小企业，使之健康发展，法国政府在洛林地区成立了 16 个企业园圃。企业园圃设有专家团，为在园圃内创办企业的人员配备专家顾问，随时解决企业发展过程中出现的问题，待新公司积累了一定经验后，再出去发展。

第四，加强职业培训，促进劳动力就业。经济结构的调整、工艺技术的变革，对工人的职业技能和适应能力提出了极高的要求，法国政府根据再就业和产业发展需要，组建了若干不同专业、不同所有制、不同层次的培训中心。培训中心有针对性地进行各类培训，培训期一般为 2 年，特殊岗位为 3~5 年，培训费由国家支付，工资由企业支付。仅 1982~1990 年，就通过培训解决了 17 万人的就业问题。

（4）日本对衰退产业的调整援助

日本十分重视衰退产业的调整援助，其支持衰退产业调整方面的支出远大于支持新兴产业发展的支出。日本衰退产业调整援助可分为三个阶段。第一阶段是 1978 年以前，主要援助因 20 世纪 60 年代能源革命而出现的煤炭工业。1961 年颁布的"产煤地区振兴临时措施法"，主要目的是为煤炭企业发放补贴并引导企业从事非煤产业。1967 年制定的"改造特定县委工业结构临时措施法"，主要是促进企业合并和为设备更新提供资本支持。第二阶段是"特安法"时期，补充制定了"特离法""企业城下町"等法律。这些法律旨在使制定行业的工业部门停产或报废设备，制定的产业具体包括衰退产中的冶炼、化纤、纺织等为主的 14 种行业。第三阶段是"产构法"时期，主要内容是政府协助或资助企业进行设备更新。政府除通过法律的形式进行援助外，还由主管大臣对产业内企业提出减产劝告、合理化建议等措施，如通产省对钢铁业实施了"三次合理化建议"，尤以第三次的内容最为详尽，对钢铁业提供从资金到加速折旧、设备更新、税收减免、出口补贴等各方面的具体措施。

与上述法律相配套，日本还筹措了大量资本用作衰退产业补贴或优惠贷款。如为实施"特安法"，成立了"特定萧条产业信用基金"，其信用保证能力达 1000 亿日元以上，主要为由设备报废而产生的借款提供信用保证。日本不仅控制行业的进入、产出及支持大企业合并形成垄断性企业集团，还具体干预企业层面的投资和生产活动，对价格和产量实行强有力的行政干预，对产品销售实行公销制。在贸易保护方面也更为严密，不仅严格控制进口量和实施关税壁垒，而且还以隐蔽的方式干预民间的销售，防止国外产品进入日本市场。

4.2.5.2　人员安置政策

在城市衰退产业退出的过程中会出现许多社会问题，比较突出的是失业人员的安置问题，城市衰退产业一半是典型的劳动力密集型产业，如纺织业、煤炭、钢铁等，从业人员数量大、知识结构低、工作技能单一，如何解决这么多失业人员的再就业，对于哪个城市都不是一件很容易的事。如果解决不好会出现社会动荡，可能就会有罢工、游行、示威等活动，甚至犯罪增加等各方面问题。因此城市衰退产业转型中难度最大的就是如何促使人员转型。

（1）美洲国家就业预警系统构建

在美洲的一些国家政府实施资源型产业预警系统，公布公司计划，给其他公司、地方政府、工人及其家庭留出足够的时间来逐步有序地关闭工厂或是放弃一个矿区。在加拿大，各省的法律明确规定了预警时间的长短，以 2~4 个月不等。在欧洲，一般预警时间应该是提前半年到一年，否则就要给予额外的赔偿。可以想象，在危机阶段和产量下降时期这种信息的公布是十分有利的。它可以避免工人直接从新闻媒体上听到消息时惊慌失措；它可使人们去寻找替代的就业机会，并计划一个体面的退出和关闭；当有经济基础扩张的可能性时，预警系统能使现有经济多样化或是寻找替代就业机会的行动提早开始。但是这一预警系统只有地方政府、企业和工人们都心甘情愿并且密切配合方能实现。如在美国，这种模式被大公司所反对，认为它泄露了公司的计划，而其竞争对手则可以利用这一情报。

（2）法国的人员安置措施

法国洛林主要在加强职业技术培训，促进劳动力转岗再就业的同时，发展新企业创造新就业岗位。针对资源型产业从业人员的实际情况，他们创造了对转业者进行分类技能培训的方法。首先成立了若干不同类型、不同专业、不同所有制、不同层次的培训中心。培训中心根据培训者的文化、技术基础，将要从事的工作和国家将要发展的新产业，有针对性地分门别类进行培训。培训时间一般为 2 年，特殊岗位为 3~5 年，培训期间受培训者的培训费由国家支付，工资由企业支付。经过培训后，培训中心为每个工人至少提供 2 种职业选择。经过培训后再就业职工的失业率仅为 7%，低于全国平均失业率。为了使培训和就业相结合，他们还建立了许多工业发展公司，通过发展新企业创造新的就业岗位，保证市场上的劳动力需求。

（3）德国的人员安置措施

德国鲁尔地区提出建立灵活的劳动力市场，并且任何在劳动市场方面采取的措施，最终目标都是尽快地减少大量的失业。经济增长的缓慢、一些减少劳动岗位的技术进步，都提出了建立灵活的劳动力市场的要求。这种灵活性，既指空间的移动，也指职业转换。当然这些都是以愿意不断地进行职业培训为前提，为此，鲁尔地区十分注重青年职工的严格培训和在职工人的"转业"培训以及技术管理人员的进修提高和接受新技术训练。1985~1989 年，鲁尔地区受过较高教育的就业人数增加了 2.8 万人，达 165 万人。其中拥有大学本科及以上学历的就业人数增加 9000 人，拥有大专学历的就业人数增加 2300 人，拥有重点中学（人文中学）毕业文凭的就业人数增加 15200 人，而拥有普通中学毕业文凭的就业人数却减少 4300 人。同时，在职培训也呈蓬勃发展之势。1992 年，接受在职培训者占全部就业人数的 8.1%，远远高于 1978 年 6.5% 的水平。同期 70% 的在职职工接受过系统的"上岗"培训。这些都为鲁尔地区企业参与更大区域的经济竞争储备了大量的人力资本。

（4）日本的人员安置措施

日本政府在煤炭政策中规定：凡是煤矿退下来的人员再就业都要经过培训。培训由煤炭企业或接受单位负责进行，政府分别给上述单位每人一年工资的 3/4 和 2/3 作为培训费，给接受者每天 3500 日元的生活补贴。年满 55 岁的煤矿工人实行养老保险，矿井关闭退下来的人员 52 岁即可实施养老保险。对于不够年龄的人一次性发放平均 800 万日元的离职费，政府和煤炭企业各负担 50%。另外每人发一本求职手册（即黑手册），持手册者可享受优惠待遇。如可每月向政府领取 16 万日元的生活补贴金，直到找到工作为止（以 3 年为限），政府还发给求职活动费，资助其寻找工作。同时给接受单位每人工资 1/4 ~ 1/2 的费用，以鼓励企业多吸纳煤矿关闭退下来的人员。

4.2.5.3　区域振兴政策

（1）欧盟的区域振兴政策

从 1951 年欧洲煤钢共同体开始，经历 50 多年的发展，欧盟逐步建立和完善了一系列共同政策，其中主要的有共同农业政策、共同渔业政策、共同区域政策、共同社会政策、共同外交和安全政策、消费者保护政策以及共同贸易政策，与各成员国在这些领域所采取的国别措施互为补充。地区政策是欧盟为促进其整体的协调发展、加强其经济和社会一体化、缩小不同地区间的发展差异而制订的政策。资源型城市被纳入衰退产业区的范畴，欧盟从其预算里拨款专门用于支持工业企业转产，法国洛林、德国鲁尔均是其重点资助地区。区域发展基金是欧盟推行共同区域政策的主要政策工具，其使用十分强调配套原则，这要求成员国在申请和获取欧洲区域发展基金的援助时，要动用本国财力与之配套。通常由成员国筛选受援区域、制定发展规划和筹资方案，经批准后由成员国负责实施。除欧洲区域发展基金外，还有欧洲社会基金与产业转型有关，此基金主要用于为年轻人创造就业机会。

欧盟国家也十分重视环境整治和基础设施建设，并且强调规划的重要性。以德国鲁尔为例，早在 1966 年就编制了鲁尔区的总体发展规划，并适时进行修订。需要强调的是，鲁尔并不是一个行政单元，而是位于北莱茵—威斯特法伦州西部，由埃森、多特蒙德和杜伊斯堡等城市组成的城市群，这一规划是一个跨城市的区域规划。在规划的指导下，建设了连接区内城市的高速公路网，形成了快捷的交通系统，加强了区内城市间以及与外部的联系；除建设道路交通的基础设施外，鲁尔区主要强调了对环境的治理，州政府颁布了严格的环境保护法规。经过 20 多年的努力，使鲁尔区环境大为改观。据 1989 年德国慕尼黑经济发展研究所的调查结果表明，鲁尔区已成为欧洲产业区位条件最好的地区之一。此外，各国为鼓励投资还制定了用地优惠、融资优惠和税制优惠等优惠政策，由于在欧盟国家土地价格是影响企业成本的一个重要方面，对企业的投资意向有着重要的影响作用。

（2）日本的区域振兴政策

为了解决国内煤炭产业衰退引起的问题，日本政府明确划分了产煤地域，在制定和实施煤炭产业政策的同时，还针对产煤地域制定了《产煤地域振兴临时措施法》《特定萧条产业关联地区对策临时措施法》等法律，实施了一系列以振兴产煤地域为目的的政策。为促进产煤地域发展替代产业，解决煤炭产业衰退带来的冲击，日本政府采取了强有力的扶持政策，仅 1995 年的财政投入就高达 1098 亿日元，除直接用于煤炭产业结构调整以外，其余主要用于各方面的补贴和产煤地域的振兴。日本为改善产煤地域的投资环境，采取融资优惠、税收减免等措施，并且地方税收的减收额主要由中央政府补贴。还由政府成立了产煤地域振兴事业团，后改组为地域振兴整顿公团，主要从事废矿山的处理，土地平整，基础设施建设和工业团地建设与转让。地域振兴整顿公团主要是通过市场化运作实现收支平衡，也接受政府的部分资助，通过环境整治、基础设施和工业团地的建设，提高产煤地域的吸引力。

（3）美国的区域振兴政策

美国的区域政策始于20世纪30年代罗斯福总统执政期间，当时开发落后地区，主要是为解决严重的失业问题。60年代，根据公共工程与经济开发法成立了隶属于商务部的经济开发署。美国区域政策的重点是通过转移支付支持落后地区的发展，以解决区域发展不平衡和贫困问题。一些资源产区，如阿巴拉契亚矿区就被纳入落后地区的范畴，接受过政府的资助。总体而言，美国缺乏系统的区域政策体系，主要从解决具体问题出发，以个案和项目为载体提出解决方案，采取相应的措施。区域政策的力度和受重视程度远低于欧盟国家，这主要是因为美国区域差距较小，人口流动性大，区域政策的作用不突出。物品的属性使政府在改善投资环境中扮演了重要的角色。

表4.1对4个国家的产业援助政策、就业政策、区域振兴政策等3方面作了系统总结。

表4.1　　　　　　　　各城市衰退产业调整措施的比较

国家	产业援助政策	就业政策	区域振兴政策
美国	无系统产业政策，调整援助政策主要与进口控制、失业救济和再就业培训有关，以鼓励技术创新为主	强调用法律手段来援助衰退产业中的劳动力转移及人力资源再开发	通过转移支付支持落后地区的发展，以解决区域发展不平衡和贫困问题
德国	调整"高投入、高资助"的资助办法，转向重点扶持新兴产业和资助再就业培训	强调进行职业技术培训，鼓励创办新企业提供就业机会	制定鲁尔地区调整改造计划，整顿煤钢生产，改变煤钢主导的产业结构
法国	以赋税减免、进口配额和投资补贴为主	把培训职工、提高技能作为重新就业的重要途径	成立企业园圃，推经产学研合作
日本	调整产业的支出大于新兴产业的支出，严格的市场管制秩序，严密的贸易保护措施	充分发挥政府的作用，实施积极的就业政策	明确划分产业地域，并制定相应法律，实施一系列以振兴产煤地域为目标的政策

4.2.6　发展替代产业对策比较

（1）区域创新系统构建

在转型过程中，无论是改造老产业还是发展新产业，都需要大量各方面的技术和人员。为保证城市的可持续发展，必要的教育等基础设施也很重要，因此完善的科研机构和丰富的智力资源为经济的持续稳定增长提供了重要前提条件。政府必须加强基础教育投入，完善科研院所的建设，才能充分利用科学技术带来的经济效益。

鲁尔地区拥有 6 家国内外著名的科研机构，15 个技术咨询转让处以及 12 个高新技术企业创业服务中心。同时还拥有 15 所高等院校，14.3 万名学生，其中 63.5% 的理工科和经济专业学生对区域经济的发展起着积极的促进作用。这些都为高新技术企业的创建、高新技术产品的生产以及提高技术水平、增强企业在国内外市场的竞争力打下了坚实的基础。例如，多特蒙德技术中心快速而顺利的兴建表明，科学研究、技术开发、经济发展三方都已自觉认识到了相互密切联系、合作的必要性。此中心现在是区域内有效利用本地智力资源的成功范例，而且也是开发新产品和新工艺的中心，成为东鲁尔地区经济持续发展的支柱。

（2）发展中小企业

中小企业是创造就业岗位的主导力量，也是构建区域竞争优势的重要条件，尤其 20 世纪 70 年代以来，意大利、美国等国中小企业的成功引起了世界范围的关注。为解决就业问题，实现社会公平目标，各国普遍重视中小企业的发展。资源型城市的一大特点是中小企业发展滞后，在转型过程中常出现严重的失业问题。因此，发展中小企业成为各国产业转型政策的重点之一。与大企业相比，中小企业在资金、技术和人才等方面处于劣势；同时，中小企业在解决就业和实现社会公平等方面客观上分担了政府的职责；尤其是在资源型城市，经济严重依赖少数甚至单一的资源开发企业，普遍缺乏独立从事经济活动的传统和能成功经营企业的人才。因此政府扶持中小企业是有其充分理由的。

欧盟成员国主要采用贴息贷款、担保和补助等手段来促进创业活动。欧盟推出了"合作技术研究行动"，其目的是使缺乏足够研究和技术开发能力的中小企业从官方的欧盟补助中获益。为改善中小企业经营环境还减轻行政负担和放松管制，减轻行政负担的措施包括简化中小企业注册、登记和申请执照的手续，以及采取措施减少中小企业统计报表，简化税收申报程序，对小于一定营业额的中小企业分别取消了审计和各种报表；在放松管制方面，减少管制中小企业法规的数量。各转型地区为促进中小企业发展，根据本地区的特点还采取了对应措施。鲁尔地区由政府向购买废弃土地者提供低息贷款用以建设新工厂，政府对建立新企业提供就业赠款，在鲁尔北区投资的公司提供了相当于投资总额10％的赠款。洛林地区为解决中小企业创业初期遇到的各种困难成立了多个企业园圃，主要任务是帮助公司制订起步计划，帮助新公司成立，并在初期为之提供各种务，所以初期投资很低。企业园圃配有专家顾问，帮助企业解决发展过程中出现的问题。等企业主积累了一定的生产经营经验后，再出去发展。为了给企业提供较好的技术支持，企业园圃积极推进产学研合作，协助企业、科研机构和高校之间进行沟通和开展合作。

日本设有隶属于通产省的中小企业厅，在各级地方政府也设有相应机构，构成中小企业的行政体系。此外，还有中小企业振兴事业团、中小企业共济事业团等强有力的民间团体，形成官民结合的中小企业扶植指导网络。设立专门面向中小企业的金融机构，这些金融机构以较有利的条件向中小企业贷款，或者建立使其他金融机构给中小企业贷款的信用保证制度。为促进产煤地域等不景气地区中小企业的发展，还专门颁布了"特定不景气地域中小企业对策临时措施法"和"产地中小企业临时措施法"。为促进中小企业的发展，除通过地域振兴整顿公团提供配套条件外，还对在矿区兴办企业给予特殊的优惠政策。

美国是较少直接干预企业经营的国家，但美国国会仍于 1953 年通过了小企业法案，这是专门保护小企业的法律，根据这一法律，政府专门成立了为小企业提供融资、经营、技术、法律等方面服务的小企业管理局，并一直延续至今。美国小企业政策的一大特点是把发展小企业作为抑止垄断与维持竞争的一种手段，因此，在政府采购和资助研究开发等方面对小企业采取了倾斜政策。

4.3　国内资源型城市产业转型的特殊性

每个国家自然环境、社会基础、经济实力、管理模式各有特色，各国在处理资源型城市产业转型时，结合自己国家情况，因地制宜，采取具有本国特色的措施，国外资源型城市衰退产业区的改造有许多可以借鉴的成功经验，但运用到我国时必须要考虑到以下区别：

（1）环境制度不同。发达国家经济主体是私营企业，因此，发达国家资源型城市产业转型是在私有制条件大社会背景下实现的，私有制企业经营比较灵活，适应市场能力较强，产业转型的经济成本和社会成本都较低，政府扶持私营企业转型的政策相对比较完善。我国资源型城市中的主导产业大多为国有企业，市场适用弱，产业结构雷同，加上国有企业负担较重的社会成本，使原本脆弱的产业结构更是雪上加霜。

（2）转型基础不同。当今发展正处于工业中后期，而发达国家产业转型是在工业化完成以后，具备成完整的工业体系、多元化和雄厚资本支撑，相对成熟的市场经济体制，改造计划实施难度要小于我国。德国鲁尔、法国洛林坚持高起点，集中复合技术产业和高新技术，就对于当时的洛林、鲁尔矿区的自然环境、社会基础和经济实力来讲，是符合现实依据的。处于工业化后期的德国鲁尔、法国洛林，技术先进，工业发达，传统的劳动密集型产业已无法适应社会，技术密集型产业逐步崛起。利用高新技术改造传统产业，继而实现由劳动密集型产业向技术密集型产业自然过渡。考虑到现实因素，不可一味地效仿国外追求高起点。

（3）人口状况不同。当前法国人口为6000万，仅相当于我国总人口的1/20左右，但人均GDP却是我国的31倍，发达国家资源型城市产业转型采用高资本投入。充足的资金投入是产业转型基础，当前我国没有如此雄厚的经济基础作支撑。我国是发展中国家，法国是发达国家，法国是人少钱多，我们不具备这种实力，我们需要在实践中逐步探索出一条低成本的转型方式。

（4）产业结构不同。改革开放30多年的发展，在宏观调控下，大多数资源型城市形成了以资源型产业为主单一型产业，第二产业比重过大的畸型结构，服务业的发展相当滞后，第三产业对于吸纳劳动力就业的空间有限，所以第二产业大批劳动力很难实现顺利转移。尽管近几年服务业也有了较快发展，由于基础问题，这种单一的产业结构只是有所调整，尚未实现在国民生产总值中所占比重较低的状况。在服务业相当发达的情况下，发达国家资源型城市产业转型有实力将第二产业中劳动力转移转向服务业。在进行转型时，洛林地区服务业的比重则高达67%，第三产业较低的鲁尔地区服务业的比重也占56%，这些足以说明，发达国家第三产业吸纳劳动力就业的空间是巨大的。因此，我国产业结构调整必须采取多元化，逐步推进的方式逐步实现劳动力的转移，一方面广泛开辟其他就业渠道；另一方面，通过进一步拓展发展服务业就业空间，双管齐下以实现产业结构转变带来的就业压力。

（5）转型线路不同。从发达国家资源型城市的产业转型实践看，发达国家大部分资源型城市产业转型是因为当地有了替代能源。例如，法国洛林地区核电这一替代能源代替了原有的产业机构。当今，核电已经是法国洛林地区电力提供占据的主导位置。我国的发展处在工业中期，煤炭依然是现在乃至今后很长一个时期的主要能源，因此，我们不是关闭所有的矿井，而是通过改造、技术创新、改组实现高效率，实现规模效应。不断提高其竞争力，以获取社会整体的经济效益；当然，我们需要关闭低技术、低效率、资源相对枯竭、煤质差而且已经步入深部开采出现严重亏损的矿井。

历数国家与区域资源型城市的产业转型实践，一个成功转型是一个漫长的变迁过程。当前我国经济处于从政府主导转变成市场经济起决定性的过程，就在资源型城市产业转型的问题而言，缺少雄厚的资金基础，并且处于工业化的中后期，以国有制和集体所有制为主体的所有制结构也不合理。所以在研究各国产业转型时，要着重分析其政策解决的问题，借鉴各国经验，立足我国国情，因地制宜，放眼长远利益，着眼自身特点，在长期实践的基础上，逐步选择适宜本土的转型路径，立足自身优势，提升经济实力，转变发展模式，提升竞争优势，实现真正的产业转型。

4.4　资源型城市产业转型的启示

在对国外 4 个典型的资源型城市衰退产业转型进行比较分析之后，结合前面得出的结论研究我国城市衰退产业的转型问题。由于各国自然条件、社会环境和经济管理模式等各不相同，造成各国在处理资源型城市产业转型时采取的措施也各不相同，因此，在研究我国产业转型时要注意分析我国资源型城市发展的实际情况，针对我国资源型城市产业转型的现状采取措施。

4.4.1　我国城市衰退产业转型方式的启示

各国经济运行模式、资源禀赋和产业衰退的原因等各不相同，造成各国在处理城市衰退产业转型时采取的措施也各不相同。因此，我们在研究城市产业转型时要注意分析其具体实际，而在借鉴各国的经验时更要考虑到中国的实际情况，针对我国城市产业转型的现状采取措施。

（1）正确识别城市衰退产业，选择产业转型的最佳时机

欧美、日本的产业转型表明，产业转型时间越晚，越积重难返，将为此付出高昂的代价。欧盟、日本的产业转型是在资源开发已进入衰退期，政府为解决严重的经济、社会问题而采取的被迫应对措施。由于资源条件恶化，开采成本不断上升，作为主导产业的资源型产业已丧失竞争力，失业人员不断增多，主导产业的衰退不可避免地影响到这些城市的发展。此时进行产业转型，一方面需要培育和发展有竞争力的替代产业，另一方面需要解决由于原有主导产业衰退给当地带来的失业、经济衰退和财政收入下降等难题。而要解决这些问题，单凭市场机制进行调整已不可能，政府不得不介入其中，以巨额的财政投入和一定程度的效率牺牲为代价，实施产业转型。目前，我国的资源型城市的资源开发大部分处于稳产期和衰退期，对于这些资源型城市，已经无须争论是否转型和何时转型，而是要及早实施产业转型；对于少数尚处于增产期的资源城市，要考虑城市未来的发展方向，制定和实施科学的发展规划。

（2）根据各地区的特点对衰退产业进行调整

由于我国城市之间经济发展水平、资源禀赋差异较大，产业结构都有各自的特点，其产业演进具有明显的区域属性。因此，在实施产业转型时，应充分考虑本城市的实际情况，不能盲从国家的产业政策或直接照搬其他国家的做法。

（3）政府和企业应该各司其职，在互动中顺利实现转型

衰退产业的调整是一项复杂的系统工程，需要政府针对各行业和地区部署出系统的战略，包括法律支持、体制改革、直接补贴、人力资源开发等多方面的援助。然而，政府的援助措施毕竟是外因，只有企业本身才是产业转型的内因。以上4个城市转型的成功不是政府的单方面的功劳，而是企业起了主导性作用。所以应在政府的扶持和援助下，以企业为载体，发挥市场机制的作用，本着公平竞争的原则，在政府和企业的互动中顺利完成产业转型。

4.4.2　政府在城市衰退产业转型中的作用

衰退产业的转型是一项复杂的系统工程，需要政府的扶植和支持，综合城市衰退产业转型的国际经验和中国的具体实践，政府在城市衰退产业转型中应该发挥以下主要作用：

（1）制定系统的产业政策

成立专司转型的机构并制定相关的法律规范，以统一协调和控制转型中遇到的困难和障碍。各国在转型实践中注重通过立法规范政府行为，由于产业转型是一项周期长、涉及面广的复杂系统工程，如果没有法律的规范是难以持续推进的，也无法协调各方的利益。而我国目前对资源型城市产业转型尚无任何相关法律规范，有关的援助政策完全采取的是人治方式而非法治方式，这给地方政府甚至个人"寻租"留下了很大空间，容易诱发腐败，导致产业转型政策实施的低效率。因此，必须制定针对产业转型的专门法律或将其纳入相关立法之中。通过相关法律的制定，还可以广泛征求社会各界的意见和建议，实现产业转型政策制定的民主、科学和透明。

成立专司转型的机构是欧盟、日本推进产业转型的重要举措，如法国的国土整治与地区行动领导办公室（DATAR）、洛林工业促进与发展协会（APEILOR），日本的地域振兴整顿公团。产业转型的实施需要克服一系列的困难和障碍，若无专司机构进行统一协调和控制，各部门和各地区之间必然是"有好处的人人管，有麻烦的无人管"的局面，尤其是当产业转型跨行政区划实施时，极易导致各级政府之间的利益冲突，使转型工作难以顺利推进。因此，有必要在立法的基础上，成立专门的转型领导机构，这种机构既要赋予必要的权力又承担相应的责任，能够代表全局利益，机构成员要包括各方专家，能够借鉴其他地区的转型经验，又能结合本地区的具体实际，提出切实可行的措施方案。

（2）实施积极的就业政策

建立人力资源开发系统，完善劳动就业培训制度。人力资源的再开发包括两个方面：一种是留在产业内的人员如生产工人、工程师、技术人员和管理人员的知识和技能更新，以适应技术进步和产业升级的新形式；另一种是下岗人员或失业者新知识和技能的培训。

由于衰退产业人员再就业的特殊困难，各国为解决这一问题，减轻产业衰退对城市的冲击，还采取了进一步的针对性措施。欧盟国家建立预警系统，公布公司关闭工厂的计划，给其他公司、地方政府、工人及其家庭留出足够的时间逐步适应这一变化。这些国家在采取提前退休和补偿等措施的同时，十分重视工人的再就业问题。日本政府对煤矿工人实行提前退休，关闭矿人员可提前 8 年；对其余人员再就业也给予了高强度的财政资助和政策优惠。我国当前城镇就业形势十分严峻，下岗问题十分突出，因此解决下岗问题是平抑此次失业高峰的关键，对国有企业职工进行妥善安置和再就业是解决职工下岗问题的要害。从全国各级政府目前操作的力度来看，基本解决下岗分流安置问题，平抑此次失业高峰大致也要花费 5 年时间。而资源开发进入衰退期的资源型城市是目前失业下岗问题最严重的地区，提供就业机会已成为目前产业转型工作的"瓶颈"，换言之，在转型过程中，若劳动就业问题能够得以较好解决，则其他转型目标就容易实现；另外，劳动力的平稳转移事关社会稳定大局。在这一背景下，必须高度重视人员安置，不能简单化处理，不能让下岗人员承担过大的改革成本；否则，就会增加不稳定因素，进而引发社会动荡，严重阻碍城市衰退产业的转型。

各国产业转型的经验表明，职业培训是解决职工再就业的基础。

产业转型的最大难点是人员的"转型",由于资源型产业从业人员一般从事简单劳动,技能单一、文化水平较低,学习能力差,很难适应新兴产业的需求,必须经过职业培训才能再就业。为此,职业培训成为转型过程中解决失业问题的重要措施。由于失业人员经济承受能力低,同时职业培训带来的人力资本积累具有明显的外部性,因此政府对职业培训,尤其是资源型产业的转岗培训采取了高强度资助的措施。

实际上,我国广泛采用的再就业服务中心的职能与欧盟、日本的转型培训机构的职能有很多相似之处,再就业服务中心在解决职工再就业问题上也发挥了巨大的作用。然而,2001 年以来,我国开始逐步取消再就业服务中心,以后国有企业职工下岗不再安排进中心,而是依法解除或终止劳动关系,一次性发给经济补偿。这一做法在就业机会较多的中心城市可以取得较好的效果,然而在就业机会少、失业下岗问题严重的东北老工业基地或其他资源型城市,简单地通过一次性补偿,把下岗职工直接推向市场的做法将无助于职工的再就业和城市产业转型。因此,对再就业服务中心不能简单地"一刀切",必须考虑到不同城市的特点。可以借鉴国外的经验,通过多种渠道和方式建立培训机构,根据城市产业发展的需求和个人自愿,开展有针对性的职业技能培训,让其掌握一技之长;同时还要为其提供就业信息,促使其尽快就业。

（3） 再造区域竞争优势

注重把发展经济同改善投资环境结合起来,把环境建设纳入整个地区的经济发展战略之中,提供良好的自然环境、人文环境、创业环境和政策环境,从而吸引大量的外部资金,促进城市对外开放的步伐。

区域竞争优势是指一个地区使其区域内的企业或行业在一定领域创造和保持竞争优势的能力。城市的崛起是依托其资源禀赋的比较优势,以及在此基础上形成的产业及下游产业的竞争优势。伴随着全球化市场竞争的加强，主导产业逐渐失去竞争优势。而要实现产业转型，发展替代产业，意味着区域竞争优势的再造。我国城市虽然具有丰富的资源、充足的动力供应、大量的空闲土地和廉价的劳动力等比较优势，但当前绝大多数产品供过于求，技术进步迅速，使比较优势的重要性不断下降，单靠廉价的生产要素难以获得持久的竞争优势，以比较优势为基础的产业结构是非常脆弱的。城市单纯依靠比较优势，缺乏竞争优势，替代产业就难以持续发展，因此城市衰退产业转型的关键就是如何再造区域竞争优势。

城市环境和基础设施是产业转型的前提和保障，良好的环境和基础设施有利于吸引资金和人才。各国在产业转型的过程中都高度重视城市环境和基础设施建设，由于自然环境和一部分基础设施具有公共物品的属性，政府为此进行了大量的投资。加强环境和基础设施建设是我国城市衰退产业转型的优先领域，尤其应成为政府工作的重点。

高度重视中小企业在产业转型中的作用是各国的共同点，发展中小企业不但是解决就业的主要途径，也是再造区域竞争优势的重要举措。城市单纯依靠一两个项目或一两家企业并不能形成竞争优势，还需要发展中小企业，形成若干有竞争优势的企业网络，由多个企业网络形成的产业群起到了替代资源型产业的作用。通过企业间的相互竞争与合作，推动企业网络的演进和发展，创造出持久的竞争优势。洛林地区在发展汽车工业过程中，首先引进了雷诺汽车公司在此投资建厂，并促进了大量配套企业在当地的发展，进而吸引其他的汽车公司在这里建厂，经过这种良性循环，形成了有竞争力的汽车产业群。我国大部分城市在产业转型过程中，历来十分重视大项目的建设，以往主要寄希望于政府的投资，近年来开始重视对外资和内资的吸引。大项目的建设固然重要，但如果不重视本地中小企业的发展，形成与大企业的协作关系，那么这些大项目也难以取得成功，更无法再造区域竞争优势。

在转型过程中，各国重视对企业，尤其是中小企业的技术支持，积极推进产学研合作，协助企业、科研机构和高校之间进行沟通。欧盟还推出了"合作技术研究行动"，其目的是使缺乏足够研究和技术开发能力的中小企业从欧盟的补助中获益。资源型城市的科技资源主要集中于资源开发企业，由于技术专用性强，生产作业封闭，社会化程度低，技术外溢度比较低，对中小企业的技术带动作用不明显。同时，在转型过程中，城市和企业一部分原有的人才和技术储备失去了用途，而在当前的经济发展格局下，技术因素的重要性日益突出。因此，加强对企业，尤其是中小企业的技术支持是十分必要的，这一点值得我国对城市衰退产业进行转型时加以借鉴。

（4）重点发展替代产业

在当前世界经济一体化程度不断深化的背景下，过多地采用财政补贴、进口配额等手段保护国内产业的做法已不合时宜。

产业转型的政策重点应从对衰退产业的援助转移到发展替代产业，这是欧盟、日本产业转型的一大教训。对衰退产业的财政补贴并不能增强其竞争力，最主要的原因是衰退产业的竞争优势很大程度上取决于资源禀赋或廉价劳动力，当产业进入衰退期，生产成本迅速上升，仅靠政府的财政补贴已不足以弥补这一劣势，还会使政府背上沉重的财政负担。在当前世界经济一体化程度不断深化的背景下，过多地采用财政补贴、进口配额等手段保护国内产业的做法已不合时宜。

4.4.3　企业实现可持续发展方式的启示

比较美国和日本的产业转型的经验，可以看到，在市场机制的作用下，经过市场洗练的美国企业具有较强的竞争力；相反，在政府直接和强有力的干涉下实现产业转型的日本，在经济发展阶段转变的重大时期出现了产业"空洞化"的现象。综上所述，我国的企业在转型中应做出适宜反应，以政府的产业政策为指导方针，自力更生，改变原有的战略理念、组织结构、人力资源、运行方式以及企业文化

等，再造企业的核心竞争力。这种经过市场洗练出来的企业才不会有
"先天不良"和"拔苗助长"之嫌，具有较强的竞争力，由此带来城
市经济的持续发展。

4.5　我国资源型城市产业发展中存在的问题

　　我国支撑资源型城市发展的矿业资源渐趋枯竭，资源型城市经济
衰退已见端倪。随着开发年限的延伸，矿业资源渐趋枯竭，资源型城
市矿业资源产量逐年递减，致使矿业资源产业出现萎缩，进而引发资
源型城市经济萎缩。如表 4.2 所示，2004~2013 年原煤产量每年平
均 6.95% 的幅度缓慢增长，2004 年原煤产量增速较高，但后期呈现
逐步下降的趋势，到 2009 年时，增速重新呈现上升态势，但 2012 年
时又有了较大幅度的下降，且 2013 年原煤产量增速依然保持减退的
态势。此阶段中导致部分资源型城市经济出现零增长或负增长的局
面，对资源型城市的经济影响也非常严重。矿业资源渐趋枯竭，产业
转型刻不容缓。

表 4.2　　　　　　我国 2004~2013 年原煤产量及增长率

指标 ＼ 年份	2004	2005	2006	2007	2008
原煤产量（万吨）	151615	167785	180625	192135	200103
原煤产量增长率%	15.7	10.67	7.65	6.37	4.14

指标 ＼ 年份	2009	2010	2011	2012	2013
原煤产量（万吨）	212280	227437	247393	253863	257040
原煤产量增长率%	6.08	7.14	8.77	2.61	1.25

资料来源：《中国统计年鉴》（2004~2013 年）。

　　矿业资源渐趋枯竭资源型城市社会矛盾激化已有表现。矿业资源

渐趋枯竭资源型城市的就业和再就业问题是资源型城市社会存在的最尖锐最突出的矛盾。在矿业资源产量逐年递减，矿业资源产业出现萎缩的情况下，面对更加激烈的市场竞争，矿业资源企业不得不进行体制改革，实行下岗分流，减员增效，一大批冗员、富余职工被迫从工作岗位上分离出来。由于下岗人员文化程度普遍偏低，年龄偏大，技能单一，吸收新知识能力弱，转移到其他产业就业存在困难，从而增大了再就业的压力，使维护社会稳定的任务越来越重，就业和再就业形势十分严峻。而且由失业引发的社会稳定问题因资源型城市的社会保障体系不健全有愈加严重的趋势。近年来，许多资源型城市在产业结构调整、企业重组改制过程中，因下岗分流等原因，都不同程度地存在一些问题，严重影响了资源型城市的正常生产和正常的经济、社会、生活秩序，损坏了资源型城市的良好形象，诱发了诸多社会不稳定因素，这些问题亟待产业转型的实现来解决。

4.6　资源型城市产业转型的必要性

在资源匮乏现状下，资源型城市产业结构调整及产业转型是发展的经济必然趋势。一方面，资源是资源城市发展的内生动力；另一方面，资源一旦枯竭就会严重阻碍资源型城市发展。所以从发展的角度考虑，资源型城市需要调整经济结构，转变发展模式，推进可持续发展，顺应资源型城市发展的趋势。结合我国资源型城市实际状况，推进经济结构调整，加快资源型城市转型，保证资源型城市的经济、社会和环境协调发展，实现可持续发展。

（1）资源产业的发展趋势决定了资源型城市进行产业转型

由于资源的不可再生性，导致不可再生资源的开发呈现一个倒"U"型的过程，即由发现到开采，到达繁荣，然后衰退的过程。不可再生资源的自身属性决定了资源产业发展的周期，资源型城市产业转型是不可再生资源属性的"倒逼"模式，符合资源产业的发展规律，符合可持续发展的要求。资源型城市的发展需要顺应资源产业生产周期，即资源型城市发展表现出明显的阶段性是由于资源因素所决定的。由于产业对资源的依赖性，导致了畸形的产业群体，产业群体单一，呈"链条"单一递进，支柱产业由联系密切产业构成，虽然形成产业群体优势，但是缺陷较多。随着资源匮乏，开采减少，进入资源产业衰退期，伴随着资源相关产业市场不景气，利润下降，"链条"式产业群体构成方式中的利益分配导致原有格局发生改变，一旦发生单个链条断裂，整个城市产业就面临着崩溃的危机，影响着整个城市的发展。

因此，资源城市理论上应该顺应资源开发的规律，注重长远利益，及时规划和实施产业转型；现实中资源型城市应该转化发展模式，加大技术创新，实现产业多元化发展，致力于实现综合型新城市。如果规划合理，实施得当，循规蹈矩，按部就班，资源城市的成功转型是必然；反之，不能实现资源城市全面协调可持续发展，随之而来的是资源枯竭，城市产业的衰退，城市的消亡。

（2）经济可持续发展的内在要求是资源型城市产业结构的调整

立足国际，展望今朝，经济是综合国力的保障。宏观经济是一国经济发展的方向，保证了经济长久稳步协调发展。整个经济的协调发展是国民经济稳定运行的重要保障，部门的与部门的协调，区域间的协作，而行业间的、各行业、产业的共同推进，在当前中国的发展阶段，资源型城市起到决定性的作用。

立足宏观，定位当今发展格局。资源型城市对改革30多年经济的发展起到了推进作用。首先，资源型城市为第二产业的高速发展提供了物质保障，尤其是在资源密集和劳动密集的产业中表现得更为明显；其次，资源型城市中的企业的发展为国家税务业带来了资金，为国家宏观规划、建设提供了资金保障；最后，资源型城市的发展带给同类产业技术支持，提升了国家整体效益，促进了行业的发展，实现了资源有效配置。纵观于此,资源型城市以资源牺牲为代价,为我国第二产业高速发展提供源源不断的动力。

伴随着改革开放,我国资源型城市多处于幼年期、中年期和老年期。从当前资料看,当前我国城市中,55% 的资源型城市在中年期,这与第二产业中后期相对应,伴随着第三产业发展,资源城市将逐步转型(30% 的城市为幼年期,15% 的资源型城市步入衰退期)。21 世纪中叶是中华民族伟大复兴的关键,是国家整体实现现代化的总体目标决胜阶段,立足宏观,顺应当前发展阶段,资源型城市实施产业转型是一种必然,宏观经济调整的内在要求。

(3)产业转型是资源型企业长久发展的动力

资源型企业是资源型城市的中流砥柱,是资源型城市的发展动力,资源型企业的建立是照搬了苏联工业化时期的模式建立的,通常是用企业带动经济,拉动人口就业,实现人口集聚,进而推动产业集聚,最后形成城市。完全照搬了早期苏联传统的计划经济模式。由于资源型企业是资源型城市形成的根本原因,因此城市、企业、文化、社会相互交融,依赖性极强,相互依存性难以改变。导致了职能混淆,城市功能不健全,畸形的资源型城市。这种企业城市的高度相互依存性导致了城市受制于企业,企业的兴衰对整个城市起关键性作用。当前这种现状对资源型城市长久发展是阻碍。

资源企业资源的过分依赖决定了资源型企业发展的生存格局。由于资源型企业成亦资源,败亦资源,毫无主动性,难以有效地掌握自己的发展轨迹。资源的不可再生性,伴随着这第二产业高速发展资源的高消耗,我国许多原本丰富的资源,如今已逐步走向近枯竭。近几年来,我国逐步从计划经济体制转向市场经济体制,产业结构调整力度的加大,产业结构升级的要求严格,伴随着扩大对外开放和进出口贸易的冲击,资源型企业高耗能、低产出等众多问题接踵而来,借鉴西方发达国家,我们国家这类资源型企业产业转型已迫在眉睫,加速产业转型步伐,是资源型企业赖以生存和发展的必然选择和趋势,是中华民族复兴的内在要求。

日新月异的现代技术逐步改变了影响资源型企业生存模式。当前新资源的地位逐步提升，价格较低，容易获得大量新材料、新能源的应用渐渐地取代了传统材料和传统能源，加大了资源型企业的成本，导致资源型企业利益格局改变，生存空间变小。站在经济发展的角度分析，高新技术和现代科技革命缩短了资源型企业发展周期，推进了资源企业的转型，资源型企业发展周期性越缩短，资源型企业面临转变压力越大。在经济发展的大变革下，由于高新技术和现代科技革命是一种必然趋势，资源型企业周期性过程的缩短也将是经济发展的趋势。因此，资源企业以长久利益为导向，以市场压力为动力，积极转型，提升企业创新能力，发展多元产业，顺应发展潮流，在产业转型中求生存、谋发展。

（4）资源型城市进行产业转型是资源型城市发展的趋势

我国处于工业革命中后期，资源型城市整体呈现现状是，城市发展没有活力，资源面临枯竭，城市产出动力不足，就业压力增大，生态环境遭到破坏，资源难以实现有效配置，城市福利达不到帕累托最优，资源型城市产业转型迫在眉睫。

伴随着高投入、高产出，我国许多资源面临枯竭或即将枯竭。我国资源型城市发展的动力随着资源枯竭而后劲不足，特别是进入20世纪90年代以后，资源枯竭问题显得更为突出。以我国云南为例，东川2/3的工业总产值和财政收入总量是铜行业的产值和税收，在近期以至以后更长一段时间内，铜行业依然是东川的主要产业的格局不会改变。

改革开放以后，我国经济体制发生转变，东川矿务局下属4个铜矿全部破产，东川整个经济崩溃，原地级市的东川市降格为昆明市的一个县级市，为我国"矿竭城衰"的城市拉开序幕。早在清朝末年辽宁北票市煤炭开采，现在煤炭资源枯竭，矿务局已经破产，大量劳动人员失业。有些资源尚存一定储量，但大多埋藏深处，难以开采，在现有条件下资源难以实现有效利用。以黑龙江鹤岗市为例，此处煤炭储量近20亿吨，但是大多为深藏地下，开采成本高于收益，面临倒闭。当前，环境问题受到重视，对于森林的采伐有严格的控制，从事森林工作业的资源型企业亦面临倒闭。

资源型城市失去发展动力。经济结构单一、产业链依存度较高是我国资源型城市的主要特征。由于资源型城市发展严重依赖于少数大型资源型企业，资源型城市产业链单一，产业链脆弱，随着近些年来一批大型资源型企业的不景气，资源型城市经济呈现衰退状况，城市功能乏力体系不健全。资源型城市的经济衰退会导致：

① 放缓资源型城市经济增长。以黑龙江双鸭山市为例，早在"九五"期间，其经济发展较快，而在"九五"期间，其地区生产总值年均增长2%；辽宁北票市在"九五"期间经济出现了负增长；大同"九五"时期经济增长率为6.9%，鹤岗"九五"时期经济增长率为7.4%，淮南"九五"时期经济增长率为6.2%，全部低于所在省份的平均增长率。

② 直接影响城市的经济增长活力。站在支出角度看，大型资源型企业的投资对资源型城市的投资起决定性作用，一旦资源型企业陷入了困境，企业的投资量必然减少，导致全市的投资能逐步减少。站在消费角度考虑，资源型城市居民有近两成是大型资源型企业职工及其家属，大型资源型企业一旦陷入困境，就会出现失业、降工资等现象。随之而来的职工及家属的购买力下降，周边的第三产业的发展也会受到影响。

③ 直接影响政府的财政收入。资源型城市城市的财政收入一部分是资源型企业缴纳的税收，一旦资源型企业陷入困境，资源型城市的财政收入相应减少。

④ 形成多米诺骨牌效应。在资源型城市中，所有产业链围绕着资源展开，相互依存度极强，大型资源型企业出现困境，产业链中相关企业纷纷落入困境，整个资源型城市经济发展会陷入困境。

⑤ 大量人口失业问题上严重威胁社会稳定。在资源型城市人口构成中，许多市民在资源型企业工作，其收入完全依赖资源型企业，单个资源型企业衰竭，导致多个家庭收入问题，整个资源型城市资源产业的衰退会引起众多家庭收入减少，进而上升到社会稳定问题。资源型城市产业链单一，第一产业、第三产业不发展，再就业渠道狭窄，出现的大量下岗失业人员对当地社会稳定形成了巨大压力。资源型城市在衰退期，人口失业率远高于全国平均失业率。以 2000 年大同市为例，离岗失业 7.5 万人，占全市从业人员的 14%，其中矿业集团离岗失业 4.6 万人，占全市离岗失业人员总数的 61%（见表4.3）。资源企业职工居住集中，一旦失业这些离岗失业人员很容易引发群体性事件。在许多离岗失业人员家庭中，多位家庭成员都在同一资源型企业工作，资源型企业的前景决定了职工家庭的生活状况。资源型城市一旦衰退，财政、就业、经济等众多领域，社会稳定受到威胁。

表4.3　　　　　　　　　　部分资源型城市离岗失业人员情况

城市	离岗失业（万人）	城市名	离岗失业（万人）
大同	7.5	淮南	4.7
孝义	1.1	淮北	2.8
乌海	1.9	萍乡	3.9
阜新	15.6	鹤壁	2.4
北票	5.5	平顶山	2.9
抚顺	12.4	铜川	2.8
辽源	2.7	冷水江	1.8
伊春	6.5	个旧	1.5
鹤岗	5.4	攀枝花	3.1
双鸭山	6.5	白银	2.9

（5）资源型城市特有的生态环境问题

① 土地塌陷。所有煤炭城市面临的土地塌陷问题。当前的统计数据表明，全国地区每采万吨煤形成下沉地面 3 亩，尤其是夏季雨

水。截至1998年，大同累计形成采空区4.5万公顷。以山西省孝义市为例，现有土地塌陷面积高达1.5万公顷。煤炭城市土地塌陷是我国土地塌陷问题的根源。

② 固体废弃物的堆放。固体废弃物分三类，分别是粉煤灰、矿石、煤矸石。固体废弃物无法利用是固体废弃物的堆放的原因，固体废弃物的堆放造成环境污染、占用土地面积等问题。从当前研究资料看，2000年全国积累的废石、尾矿累计占地6.7万公顷，形成万吨钢铁生产能力，需占地3.5公顷，每采万吨矿石占土地0.5~1公顷。

③ 严重破坏水资源。以煤炭业较发达的山西为例，近半成的矿区存在缺水或水质较差的现象，山西孝义市因采煤导致11.6万人饮水困难。资源大肆开采导致水资源、土地资源等遭到严重破坏，形成一系列的环境问题，许多环境问题已经威胁到人民安全，尤其是夏季雨水多发、土地塌陷引起房屋倒塌问题。

当前，大多资源型城市发展无力，同时面对失业、财政紧缺、环境破坏等众多问题，单方面的治理环境难以实现城市又好又快发展。

党的十七大报告明确提出："加快转变经济发展方式，推动产业结构优化升级"。新中国成立以后，伴随着矿产资源的开发利用和国家重点项目的建设，形成了诸多以能源、原材料工业为主的资源型城市。即重点发展以煤炭为主的能源、原材料产业，主导产品是原煤、电解铝、铁矿石、普通原材料、普通建筑材料、化工原料等初级产品和基础原材料。这种产业定位决定了资源型城市在全国经济布局中特有的经济形态，即以矿产资源采掘、原材料初级加工为主的畸重型单一结构。要全面落实科学发展观，推进新型工业化进程，矿产资源的综合利用及延伸加工，大力发展接续替代产业和业态转型等，对于资源型城市显得尤为重要，这既是产业结构调整的题中之意，更是实现可持续发展的必由之路。综上所述，实现资源型城市的转型不仅是顺应世界经济发展形势的明智之举，也是避免矿竭城衰的唯一选择，能否实现资源型城市的转型对资源型城市能否实现可持续发展具有重要意义。

第一，实现转型有利于避免因后备资源不足而导致的矿竭城衰。矿产资源属于非再生资源。随着矿业的持续发展，作为支持矿业企业和资源型城市发展基础的矿产资源必将面临趋于枯竭的态势，城市便可能出现因支柱产业的衰退而引起的衰败，这将成为资源型城市长期战略性发展的资源基础障碍。如何在资源逐步枯竭的情况下实现资源型城市的产业转型，从而保证其可持续发展是目前必须面对的问题。资源型城市矿产资源的有限性，决定了城市发展具有特殊的周期性。目前资源型城市煤炭资源已进入枯竭期，部分矿井采掘深度已超过－1000米，矿井服务平均年限仅仅还有20年，不可再生资源的逐步短缺，使资源型城市工业一定程度上也将失去支撑和依托，在缺乏较大增量的投入和较为高端的项目带动情况下，资源型城市工业可持续发展能力受到新的挑战，制约和影响着地方财力的增长。近几年来，煤炭企业关闭不仅减少年财政收入，而且即将影响到矿工和矿工家属的工作和生活，危及社会稳定，还将进一步加剧我国资源供需的紧张形势。即使资源潜力较大、处于成长期和鼎盛期的资源型城市不论后备资源勘探和开发时间多久，不可再生资源的利用最终是有限的。矿产资源不是永续发展的物质。与此同时，由于工矿业产业是严重的环境污染和破坏性产业，煤炭开采、石油化工、铁矿及有色金属矿产业等对城市自然景观、大气、水体、生物及人类生活的影响都十分严重。因此，资源型城市面临的环保压力远比其他城市要大得多。近年来，资源型城市又遇到矿产开采量增加和管理体制转变，寻找接替资源和环境整治已经成为资源型城市面临的突出问题。所以实现资源型城市的及时转型和人员的再安置是解决资源衰竭问题的最有效途径。

第二，实现转型有利于资源型城市的可持续发展。城市的可持续发展已经成为当代人类的共识。它是指在一定的时空尺度上，以长期持续的城市增长来实现高度发达的城市化和现代化，从而既满足城市当代人生存与发展的需要，又满足城市未来人生存与发展的需要。城市可持续发展包括城市资源环境可持续发展、经济可持续发展和社会可持续发展三方面。其中，城市资源环境可持续发展是基础、经济可持续发展是关键、社会可持续发展是保障。三者相互协调的可持续发展是目的。因此，我们一定要在这三方面制定有效的可持续发展规划，不断提高城市的可持续发展能力。城市可持续发展能力是指一个城市所具有的创造财富、确保城市资源环境、城市经济和社会协调运作的现实能力和长远发展能力。它取决于城市经济、社会、资源、环境等多方面因素，如城市创造和聚集资本的能力、人力资源的质量、经济结构的合理性、经济效益的优劣、经济增长的快慢、对外开放程度、城市居民的生活质量、城市基础设施、城市绿化和城市大气及水环境质量为代表的多项指标。城市创造和聚集资本能力的大小、经济增长的快慢、经济效益的优劣、经济结构的合理等因素是受城市经济结构是否合理、经济增长方式是否科学、环境保护是否达标等因素制约的。这些因素在我国的资源型城市中都是有待于进一步改善和提高的。因此，实现资源型城市的转型可以提高这些因素的合理性与先进性，从而保证资源型城市的可持续发展。因此，合理开发利用资源、保护生态环境、改进传统的经济增长方式是实现可持续发展的主要影响因素和实现转型的重要举措。资源型城市的发展存在着对矿产资源的严重依赖性，其经济体系的构成主要是以矿产资源为生产对象的矿业产业或矿业产品相关的初级加工工业，其产业结构链条呈直线纵向关联方式，与支柱产业有前后关联密切的产业是城市产业构成的主体部分。因而，支柱产业的发展状况将直接制约着城市整体的经济发展状况。另外，矿业产业多属于第二产业。超重型的产业结构也导致了产品的低附加值和城市财政收入状况的不理想。从世界经济发展的多元化、产业递进速度和产业结构调整步伐加快的趋势看，实现资源型城市的转型、发展多元化的产业结构、高附加值的新兴产业及促进产业结构升级也是融入世界经济发展大潮的一个合理选择。

第三，实现资源型城市转型有利于资源型城市的全面发展。目前，资源型城市因城市经济发展现状导致而出现了一系列的经济、社会问题，并且资源型城市长期以来形成的发展机制也无法适应新形势下的市场经济体制及世界经济进一步融合的发展趋势。资源型城市由于传统产业的影响，大部分企业的生产设备、生产技术还沿用以前的生产模式，造成了在物质准备上的不充分。因此，资源型城市要想今后在国家经济大发展的关键时期取得与其他地区一样的发展条件和机遇，就必须实现转型，改革那些与现代经济发展要求不相符的旧的生产方式、生产技术甚至人们的思想观念。另外，实现资源型城市转型，选择适合本地区的特色产业可以以此为契机进行经济发展方向的逐步调整和优势产业的培植，从而改变以往单纯以矿业为主导的产业结构导致的经济效益低下、市财政收入不良、居民生活水平无法提高的困难状况。以阜新市为例，2001年城市居民人均可支配收入为4327元，比全国和全省平均水平分别低2533元和1458元；低于最低生活保障标准156元的特困居民有19.8万人，占市区人口的25.3%，显然这部分居民的生存问题十分突出。就业岗位不足和失业人员增加给阜新市带来了社会不稳定等一系列社会问题。阜新市的居民收入状况和财政收入状况是具有一定代表性的。因此，为改变资源型城市现在的经济状况、实现资源型城市的转型并由此推动资源型城市经济的发展已经成为迫切需要解决的重大问题。

总之，综合国内外的相关理论和实际，产业转型的时间越晚，越积重难返，并为此付出高昂的代价。在矿业资源开发上处于成熟期或渐趋枯竭期时，应充分利用此时矿业资源产业的竞争优势明显、生产能力扩大和产出增长所带来的外部经济性，制定和实施转型规划，大力发展接续和替代产业，培育和扶植新兴主导产业，使产业结构走向多元化，实现成功的产业转型，从而实现资源型城市经济社会的可持续发展。因此，资源型城市的产业转型不能在矿竭城衰的时候开始，而是在资源型城市的开发期、成长期、成熟期及衰退期就应给予重视。尤其在我国整体技术水平不高，整体矿业开发和利用水平处于国际同产业低端的情况下显得尤为重要。再具体地说，资源型城市的产业转型，一方面是改变对矿产资源的依存方式和依存度，延长矿产资源产业链，发展循环经济，增强矿产资源产业生命力和产业经济效益；另一方面，主要对处于衰退期的资源型城市来说，使其发展摆脱对不可再生性自然资源的依赖，重点培育新产业，建立新型产业结构和产业发展模式。资源型城市产业转型本质应是一种指导思想，而不是形式；是一个过程，而不是结果。资源型城市的产业转型必须基于科学发展观、谋求可持续发展而展开。

4.7　本章小结

本章充分剖析国内外资源城市的产业转型典型案例，挖掘其中产业转型的成功经验。选取美国休斯敦、德国鲁尔、法国洛林、日本筑丰地区作为国外产业转型案例进行研究，以经济运行模式、资源条件差异、政府干预情况、新兴产业扶持措施、产业调整手段、替代产业发展为分析角度，通过比较分析城市衰退的差异性，突出国内资源型城市产业转型的主要特点。以此为依据，得到对国内城市衰退产业转型的重要启示，如产业转型方式、政府于产业转型中的作用，以及企业发展可持续发展方式等，最终明确资源型城市产业转型的必要性。

第5章 资源型城市产业转型作用机制

随着城市自身的发展，资源型城市因其自身特征开始遇到发展瓶颈。根据布雷恩·阿瑟的路径依赖理论，资源型城市将被锁定在最初所设定的资源产业的发展上。其形成、发展自然对当地的资源具有特殊的依赖性，随着资源储量的约束和资源可耗竭性的影响，使资源城市出现了产业结构单一、经济效益低下、环境质量下降、资源枯竭等问题。资源型城市必然会经历一个建设——繁荣——衰退——转型振兴或消亡的过程，必然会在发展方向、空间、动力、体制等方面出现困境，只有打破原有的资源自循环机制和路径依赖，才能实现产业协调和可持续发展。

5.1　科技创新与资源型城市产业转型的互动关系

5.1.1　科技创新推动资源型城市产业转型

人类社会的发展历程表明，技术创新是产业演进的基本动力。从产业要素构成来看，由于科技创新在不同产业中的分布是不均衡的，必然导致一定时空条件下的主导产业置换更替，从而使科技创新活动成为打破产业经济均衡、推动产业结构调整的主要动力。科技创新及其产业化以其规模扩张、技术先进性、高附加值、产品质量等，改变着产业结构布局和结构形态，其素质状况和数量比重对产业结构形态或模式有着直接的影响，并在一定程度上决定着产业升级和结构调整的特征。作为这一系列变化的基础，科技创新及其普遍应用都会引起利润边际的扩大和产业结构调整，推动经济的增长和繁荣。也就是说，较低级的技术进入生命周期的成熟阶段以后，后一时期产生的新技术迅速成长，取代前项技术而成为产业的核心技术。倘若后项技术是根本性创新，就可能出现产业突破，产业技术水平在老技术与新技术的交替中不断向高级化演进。

　　事实上，第二次世界大战后全球经济增长方式的转变和产业转型都与科技创新及其产业化发展有明显的关联。在 20 世纪中叶引起发达国家经济增长的诸因素中，科技进步的作用为 40%，到 70 年代就上升到 60%，到 90 年代一些国家已达到 80% 以上。在经济增长中，这些国家资源、资本和劳动力的作用在逐步减弱，而科技创新及其对经济增长的贡献却在逐年递增。

　　作为特殊的一类城市，资源型城市受传统工业化理论的影响，大多侧重于工业以及工业内部的结构变化，强调的是传统的资源要素及其资本的外延式扩张，转型首先强调科技创新的影响和生产与服务的科技含量增加、信息化的广泛应用。

　　一方面，科技创新会带动关联产业的发展，促进资源型产业的升级和创新，加速传统资源产业的分化与重组，改变产业结构趋同的局面。科技创新及其产业化在整个产业结构中各个部门的相互依赖关系，具有有效的前向关联和后向关联效果，因而科技创新及其产业化的扩张对整个产业结构的波动效应十分明显，诱发和带动其他工业部门发展的作用显著，而其他产业部门的结构调整又必须通过技术改造或科技创新及其产业化的进入来完成。在产业结构由资源型向技术型的演进中，科技创新及其产业化在不同类型的产业中兼容着不同的技术层次特征，构成不同的产品附加值和回报率。此外，产业结构趋同是大多数资源型城市的共有缺陷，充分发挥科技创新作用，有助于调整优化产业、经济结构，改变产业结构趋同的劣势，只有利用科技创新把产业结构理顺，才能真正提高经济增长的质量，增强发展后劲，实现可持续发展。

　　另一方面，科技创新促使劳动生产率和资本利用率得到提高，导致新兴产业的崛起，科技创新投入与产出的递增可以加快资源型城市经济增长方式的结构转型，变资源推动的粗放型为技术引导的集约型；科技创新促进优势产业的更迭和调整，促使资源优势向新兴的非资源产业聚集并带动新的结构调整和升级，使参与整个产业升级的资源配置收益最大，进而培育出新的经济增长点和新的非资源型主导产业，促进城市彻底转型。

资源开发利用、技术水平及城市规模关系如图 5-1 所示。总之，科技创新构成了资源型城市产业转型的基本动力，而且是不竭动力。

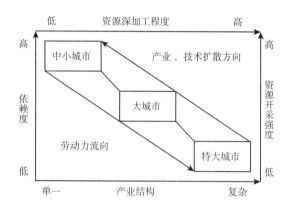

图 5-1　资源开发利用、技术水平及城市规模关系示意图

5.1.2　资源型城市产业转型促进科技创新

资源型城市产业转型需要培育接续产业、开发新产品、发展高新技术产业，与薄弱的人才、技术力量形成强大反差，产生对科技创新的强烈需求。

资源型城市的产业转型会从五个方面反作用于科技创新。其一，资源型城市的生产实践，为科技创新思想的产生提供了重要源泉；其二，科技思想与设想只有通过生产的物化过程才能得到实现和检验，并推动其进一步发展；其三，资源型产业的发展困境和产业转型的难题对科技创新不断提出新要求和新课题，也创造了科技创新的市场需求；其四，生产实践活动提供的科研手段与条件，成为科技创新的重要的物质基础；其五，合理、先进的产业结构会能动地改造科技创新本身，推动其不断更新和发展。

毫无疑问，大量的煤炭资源型城市的产业转型加速了煤化工、生态保持等领域科技创新的脚步。有关资料表明，如果将煤焦油炼成苯、增效剂，产值分别增长 42.5 倍和 200 倍，再深加工成染料、医药和化纤产品，产值可分别增长 500 倍、750 倍和 1750 倍。现在因为大量资源型城市产业转型的推动，专家预测，21 世纪煤化工发展的主流是发展煤炭洁净利用技术（包括醇燃料和烃燃料）及多联产工艺技术。在能源安全和环境保护上最具影响的煤制马达燃料和洁净煤发电技术已在不断地发展，煤炭液化和气化技术的开发和应用也在不断推进，煤炭地下气化试验仍在继续。此外，与煤共伴生矿物的开发技术、对煤炭副产品和废弃物（如煤矸石、煤渣、洗煤泥等）综合利用技术、提供洁净煤技术、提高煤炭的洗选加工水平以及在原有矿床周围和深部加大勘探开发力度的技术、寻求发现新矿点的新技术和新工艺等都在不断研究与开发中。

我国资源型城市产业转型的特殊性需要新思路、新方法，由此，也创造了与其他发达国家资源型城市转型过程中相异的特殊科技需求。典型案例当属阜新海州露天矿大坑的治理和利用。海州露天矿是"一五"时期我国建设的第一个露天矿，2005 年因资源枯竭闭坑，由此留下一个 7 平方千米、350 米深的大坑。如果这个大坑失去人工维护，每年将有 800 万 ~1200 万立方米的各类水涌入，会产生一系列的水文地质问题（见图 5-2）。阜新市因势利导，避害趋利，提出创建国家矿山公园，建成集"地下森林""坑底水库""科研基地""采煤博物馆"等为一体的"大观园"，既可治理海州露天矿闭坑后地质灾害，又可利用剩余资源再创辉煌。此外，海州露天矿的治理还通过污水治理新技术和新工艺研发，减少污水排放量，实现清洁生产，依靠科技进步减少水处理厂的建设投资，提高处理效率等，实现从末端治理向源头治理和全过程控制相结合方向转变，逐步实现污染零排放等，这些都需要科技支撑。

除了对技术创新的推动外，资源型城市产业转型实践急需理论的

图 5-2 阜新海州露天矿坑

指导，也为科学理论的创新发展提供了研究个例与发展天地。如符合中国国情的资源型城市产业转型理论的完善、资源型城市区域科技创新系统理论的完善等都是实践的急切呼唤。

综上所述，科技创新与资源型城市产业转型是辩证统一的关系。没有发达的科技，传统资源型产业的优化与新兴产业的培育将成为无源之水；反过来，资源型城市的产业转型又会促进科技创新的发展。科技创新与资源型城市产业转型是一个相辅相成的统一体。

5.2 资源型城市产业转型机制

5.2.1 市场调节和政府调控

资源型城市产业转型有两种机制：市场调节和政府调控。产业转型应该以市场机制为基础，以政府调控为辅助。产业转型的过程实际上是要素在产业间重新优化配置的过程，要充分发挥市场机制在要素流动中的重要作用，同时为了弥补市场机制的不足，政府要对产业转型进行必要的调节和控制。

市场调节是通过市场机制的作用引导衰退产业自动退出而新兴主导产业自发形成的一种机制。在市场竞争条件下，各经济资源在区域内或者是全国范围内的合理流动，能够达到资源配置的高效率，引导产业结构的调整优化。企业会自发地在经济利益最大化的驱动下从增长停滞、效益下滑的衰退产业中退出，进入高增长、高效益的新兴主导产业。政府不需要干预，企业完全可以做出向哪个产业发展的正确选择。所以在市场调节下，会自然而然地实现产业的转型。

一些国家、地区的产业转型都是通过市场调节完成的，如美国的休斯敦。但是在目前经济竞争十分激烈的环境中，单纯依靠市场自发调节形成新兴主导产业的机制在形成成本和效率方面都表现出极大的局限性，需要在产业转型过程中加入了政府调控，如法国的洛林和德国的鲁尔。

与外国城市相比较，我国的资源型城市在产业转型过程中更应该注重和发挥政府调控的作用，加大政府在主导产业形成中的调控力度。其一，政府调控产业转型，可以充分利用管理、金融、财政、科技和垄断部门等资源，在举国体制下有效地集中力量办大事，并且政府主导也易于得到企业及社会各界的配合。其二，在资源型城市这样一个短缺经济发展中，集中使用有限资源，实现资源的合理配置，使资源发挥最大效率，政府干预无疑是一个比较好的方法。其三，政府调控还有助于减少产业转型的自发性和盲目性，增强接续主导产业形成的自觉性和计划性。其四，政府干预能有效解决主导产业选择培育中的市场失灵问题，而使主导产业更快更好地成长和发展。所以在产业转型中要运用政府调控机制。运用政府调控机制不是否定市场调节在主导产业形成中的主导作用，相反在转型中必须时时处处按市场规律办事，充分发挥市场的作用。

当然政府干预也有缺点，干预也不是无节制的，需要有法律来规范。外国在转型实践中就十分注重用法律规范政府行为，而我国早先缺乏相关的法律。产业转型是一项复杂的系统工程，只有法律作为规范和制约，才能协调各方的利益。

在产业转型中政府调控的主要内容包括：

首先，要制定科学的传统产业改造和振兴计划。产业转型不能随心所欲，要有统一的规划和指导，通过制定产业政策，集中经济资源、选择、培育和发展接续主导产业。从国外成功的产业转型案例来看，如德国鲁尔、法国洛林的产业转型，基本上采取了国家主导为主、市场调节为辅的措施，设立专门的规划机构直接参与并指导产业转型，改革初期就制定了完整的总体规划，包括改造的原则、治理目标、改造重点和产业布局调整，为产业转型提供资本蓝图和行动依据。

其次，政府对资源型城市产业转型提供资金和政策支持，运用中央和地方财政转移支付、产业倾斜、税费减免、市场准入门槛降低、金融扶持等方式重构资源型城市的产业链条。在长期计划经济体制和粗放式经济增长方式下，资源型城市的功能就是为国家提供矿产品和初级加工产品，并且资源价格长期偏低，城市利润流出；在税收体制下，资源型企业多是中央直属企业，其上缴税金（所得税、增值税）基本不与当地政府发生关系，这两点导致积累资金困难，自身缺乏力量进行产业转型。所以我国资源型城市产业转型需要政府提供一定资金支持。

最后，政府调控的内容还包括：投资发展公共部门和某些自然垄断行业，支持和扶植新兴产业、高新技术产业、环保产业、保护高效利用资源的产业和短线产业的发展，限制传统落后产业、严重破坏环境和资源的产业和长线产业的发展；为接续产业构筑载体，建立孵化器、试验田，提供科技和培训支持；深化产权改革，搞活中小型企业；推动技术科学进步，引导科研机构和院校对技术的研究和开发，同时加大技术应用和推广的力度。政府调控要为市场机制更好地发挥作用而创造有利的经济、社会环境和制度条件。

5.2.2　基于生命周期的产业转型

5.2.2.1　资源型城市产业生命周期

产业转型是资源型城市可持续发展的必然选择，那么转型的最佳
时机是什么时候？至今大部分的资源型城市都是在资源型产业出现严
重衰退导致城市经济可持续发展受到威胁时，迫不得已才开始转型，
而此时的转型成本高、时间长、矛盾突出，无疑此时的转型是不经济
的，而提前进行转型将有效地避免矿竭城衰的现象，平稳地实现城市
的可持续发展。因此寻找产业转型的最佳时期是十分必要的。

资源型产业同样适用产业生命周期理论，它的发展变化大体遵循
共同的发展规律，根据产业销售额和利润额的增减变化及产业发展速
度，如图 5 - 3 所示，资源型产业依次经历开发期—成长期—成熟
期—衰退期四个阶段。

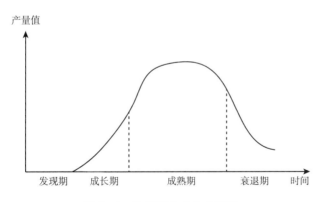

图 5 - 3　资源型产业生命周期

对于开发期的资源型城市，这时的资源型产业发展需要大量资
金，没有更多的资金发展其他产业，产业转型为时尚早。在成熟期转
型，企业处于上升阶段，资源型产业的消极影响并不严重，矛盾也没
有激化，这时是实施转型的最佳时期。在衰退期实行经济转型，已经
是十分紧迫了，产业销售额和利润额虽已下降，但是产业并没亏损，

进行产业转型还是比较可行的。而处于枯竭期的城市已经产生了相当严重的经济、社会、环境问题，产业结构单一，其他产业发展缓慢，转型举步维艰。如果振兴经济，必须要依靠外力推动、引进新的产业，这时的转型会使地方政府付出高昂的成本。从这四个方案来看，在成熟期是最好时机，衰退期也是切实可行的选择，而在枯竭期的转型是极其被动的，处于明显的劣势。

如图 5-4 中曲线②所示，产业转型的最佳时期是成熟期，原因有以下几点：其一，此时的资源型产业生产稳定，开采成本低，经济效益好，盈利能力强，可以从中提取转型资金和环境改造资金；其二，提早发展其他产业，改变城市的产业结构，可以避免城市的重心集中在资源型产业，形成合理的就业结构、人才结构、技术结构；其三，在成熟期转型，等到资源型产业衰退时，替代产业已经成熟，可以使新兴产业的成长期和好产业的衰退期能够很好地衔接起来，并且及时吸纳资源型产业排斥出来的人力，在很大程度上避免产业转换带来的经济衰退和失业问题。产业转型的最迟期是在当开采成本高于市场售价，资源型产业出现亏损而又并非努力工作所能解决时。

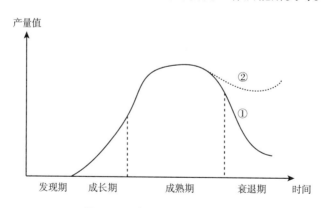

图 5-4　产业转型的最佳时期

资源型城市要把握好成熟期这一最佳时期转型，对于错过转型最佳时期的城市，要客观面对现实，将资金充分和有效地运用，解决好当前的主要矛盾和问题，并且在国家政策的支持下，培育新的经济增长点，拓展发展领域，重振经济。

资源型城市在综合诸多要素进行分析后，确定好符合自身发展的转型时间，之后需要面临城市主要产业选择的问题，通过有效把握主导产业的发展方向，推进形成具有此城市的特色产业。

5.2.2.2　不同阶段资源型城市产业转型策略

（1）成长期资源型城市

成长期资源型城市的产业转型宜采取产业延伸模式，拓展下游产业链条，通过深精加工提高产品的附加值，避免资源型城市沦为大量廉价原材料和资源的输出地。当然，由于成长期的资源型城市产业转型尚未引起高度重视，城市经济依然靠资源开采和加工来推动，但要从长计议，摸清当地的资源储量和开采进度，做好资源型城市的发展战略规划，为将来城市产业的顺利转型奠定基础。

（2）成熟期资源型城市

成熟期资源型城市的资源产业对经济发展的贡献度达到高峰，城市经济发展势头强劲。但此时是城市产业转型的关键时刻，城市经济转型已经提到历史日程，需要处理好资源型城市与资源型企业的协同发展关系。在产业延伸模式的基础上，通过产业多元化推动城市经济的转型，积极发展资源产业以外的其他产业，逐渐降低资源产业在整个经济中的比重，促使资源型城市向现代综合性城市发展过渡。

（3）衰退期资源型城市

衰退期资源型城市的资源产业在整个城市经济中所占比重逐年下降，此时的主导资源即将或者已经枯竭，需要利用积累下来的资金、技术和人才等优势，采取产业更新模式，做好接续产业的培育和发展，使资源产业部分或全部逐步退出资源型城市，城市发展再次获得新生。相反，若不能及时做好接续产业的发展，资源枯竭型城市的产业转型将遇到挑战，可能导致城市产业继续衰退。

资源型城市的产业转型要根据城市发展的生命周期，并结合城市的规模、区位等因素采取相应的转型模式。处于成长期的资源型城市转型宜采取产业延伸模式，虽然城市转型问题尚未凸显，但是要未雨绸缪，制定好未来城市产业发展规划，资源型城市与企业协同是关键。处于成熟期的资源型城市是经济转型的黄金时期，宜在产业延伸模式的基础上，采取产业多元化模式，把资源优势转变为经济优势。处于衰退期的资源型城市，转型难度最大，宜采取产业更新模式，通过利用积累下来的人才与技术优势发展新兴产业。当然，资源型城市的产业转型模式既不是僵化不变的，也不能盲目照搬西方国家的模式，因为中国的体制和西方国家有很大差别。每个资源型城市的产业转型也并非采取单一模式，可以采取多种模式叠加在一起的复合模式，而且资源型城市的产业转型有时靠城市自身的力量很难完成，需要政府的扶持，尤其是资源枯竭型城市在产业转型时，政府的作用至关重要。

5.3 资源型城市主导产业选择指标体系

5.3.1 设置原则

选择评价指标应该遵循科学性原则，因此资源型城市主导产业选择指标体系的设置应遵循如下原则：

（1）指标的可比性原则——指所选择的指标适合量化，容易同一单位化。

（2）指标的可操作性原则——要求指标数据便于挖掘，数据易于处理。因此，所选指标、相关数据容易获得、容易归纳总结，指标数据容易量化处理。

（3）指标的客观性原则——选择评价指标要实事求是，遵循真实性原则，通过指标信息的重要程度，做出客观的评价指标。

（4）指标的动态性和前瞻性原则——主导产业是不断发展和成熟的，经济的发展具有长远性，指标的选择要顺应经济发展的潮流。

（5）指标的独特性原则——不同的资源型城市有其特殊的背景，选择指标要充分结合城市的独特情况，所以指标需要具有独特性。

5.3.2　设置依据

主导产业选择是指整个区域大规模新兴产业崛起和产业替代。当前我国的资源城市在主导产业选择上主要依据自然禀赋，发展劳动密集型产业，站在原有技术的基础上通过拓展产业链，发展资本密集型的产业和产品系列。另外，根据本地产业结构，大力发展第三产业，提高就业机会，追求资本、技术有效配置，实现社会福利的最大化。本书中资源型城市主导产业选择指标体系设置的依据包括：

第一，资源型城市主导产业的选择需要有广阔的市场，有新的技术作支撑，有较强的带动作用，适应经济发展规律，有更强的竞争力。资源型城市产业群围绕资源而生，也必然随着资源枯竭而衰退。产业集群的形成需要强有力产业的支撑。资源城市所选择的主导产业要起到代替原有产业结构中的导向产业。资源型城市主导产业需要对原有产业起带动作用，以弥补产业衰退带来的产业缺位。产业前后部门依存程度高，产业间互补性强，彼此之间作用越强，其对新产业链的形成贡献度越高。资源型城市需要选取发展前景乐观，经济影响大，市场占有率高的产业作为主导产业。

第二，资源型城市主导产业的选择要注重可持续发展。在选择主导产业时需要考虑资源问题，高消耗的产业已经不适合资源型城市，必须选择经济与环境协调发展、共同提高的产业。资源型城市转型需要更加合理谨慎开发资源，注重长久利益，实现人类与自然的和谐。因此，选择主导产业需要选择对环境破坏少、消耗可再生资源的产业。政府应该重点扶持低消耗产业，使之成为资源型城市经济增长的引擎。

第三，资源型城市主导产业的选择要考虑历史继承性。资源型城市选择主导产业要依托原有的工业体系，继承资源城市以往的优势，充分利用资源型城市原有的技术队伍、管理模式、科学技术、闲置资源、丰富的资本。新选择的产业建立在原有产业的模式下继承发展原有资源、技术水平，充分利用原有产业所形成的多种比较优势，可以减轻由于新产业选择所带来的设备、技术队伍、技术等资源的闲置和浪费，可以加快此地区经济转型。

第四，资源型城市应该注重提高主导产业生产效率，注重科学技术推广。资源城市转型离不开宏观经济一体化的大环境，资源城市成功转型也需要与国际社会接轨。资源型城市应该选择技术先进的主导产业。主导产业需要吸收资金，引用技术，科技创新，有较高的生产率。同时，在技术引进和转换中，既有吸收又有创新，着眼于世界先进水平，引进适合自身发展的科学技术，在现有基础上创新技术，提高主导产业国际竞争能力。

第五，资源型城市主导产业应继承资源优势。资源型城市通过丰富的自然禀赋实现了当地的经济崛起，积累独具地方特色的产业格局。自然禀赋已经从单一的自然资源扩大为资产、资金、技术和劳动力等生产要素和交通条件。资源型城市主导产业的选择，其目的是实现现有资源的有效配置，立足于资源型城市具有的自然资源优势和要素优势上，以最优的方式实现区域分工和产业结构专业化。

5.3.3 主要指标说明

综合考虑以上因素，构造资源型城市主导产业的指标体系。

5.3.3.1 产业关联

产业关联通常采用感应度系数和影响力系数两个指标来测度：感

应度系数表示其他产业最终需求变化而导致此产业变化程度；影响力系数表示此产业的最终需求导致对其他产业变化程度。资源型城市主导产业选择与前后产业关联效应较强，能带动与影响其他产业发展的部门。具体公式如下：

（1）感应度系数

$$E_i = \frac{\sum\limits_{j=1}^{n} b_{ij}}{\frac{1}{n}\sum\limits_{i=1}^{n}\sum\limits_{j=1}^{n} b_{ij}} \tag{5.1}$$

即某产业横向逆阵系数的平均值除以全部产业横向逆阵系数平均值的平均。某产业的感应度系数若大于1或小于1，表明此产业的感应度系数在全部产业中居于平均水平以上或以下，表明其他产业的发展对此产业产品的需求量大，即此产业的产品有广阔的国内销售市场。

（2）影响力系数

$$F_j = \frac{\sum\limits_{i=1}^{n} b_{ij}}{\frac{1}{n}\sum\limits_{i=1}^{n}\sum\limits_{j=1}^{n} b_{ij}} \tag{5.2}$$

即某产业纵向逆阵系数的平均值除以全部产业纵向逆阵系数平均值的平均。某产业的影响力系数大于1或小于1，表明此产业的影响力在全部产业中居平均水平以上或以下，说明此产业的发展对其他产业产品的需求量大，即为其他产业的发展提供了一个大的销售市场。

感应度系数和影响力系数均大于1的产业是主导产业的最佳选择，其中一个大于1的产业有可能成为主导产业，两个系数均小于1的产业一般不宜选为主导产业。

5.3.3.2 比较优势

作为区域主导产业，其产业规模，所占份额足够大。这里的产业规模具有三层含义：一是产业的绝对规模，即产业客观事实的大小；

二是产业在区域内的相对规模较大，即此产业在该区所占份额很大；三是此产业立足全国乃至世界通类产业比较都较大。只有这三个层次意义上的规模都大，才能表明资源城市主导产业真正意义形成，本书以如下指标衡量某产业的比较优势：

（1）区位商

区位商是衡量某个在区域专门化生产程度的指标，通常主导产业区位商值大于1与地域大小相关，一般地区范围越小，要求的值越大。区位商只是客观地反映此区域专门化的相对于全国专门化的程度，并不能完全反映区域的实际专门化程度。区位商是一个地区特定部门的产值在地区工业总产值中所占的比重与全国（其他上级大地区）此部门产值在全国工业总产值中所占的比重之间的比值。考虑到我国目前实际情况，选用增加值指标表达，计算公式为：

$$\xi_{lij} = \frac{g_{ij}/g_i}{g_j/g} \tag{5.3}$$

其中：

ξ_{lij}——i 地区 j 产业的增加值专门化率；

g_{ij}——i 地区 j 产业的增加值；

g_i——i 地区的产业的增加值；

g_j——全国 j 产业的增加值；

g——全国产业增加值总额。

ξ_{lij} 值越大，此产业专门化程度越高。

（2）市场占有率

市场占有率一般是区域内该产业销售收入与全国同类销售总收入之比。计算公式为：

$$\eta_{lij} = \frac{\eta_{ij}}{\eta_j} \times 100\% \tag{5.4}$$

其中：

η_{lij}——i 地区 j 产业的市场占有率；

η_{ij}——i 地区 j 产业的销售收入；

η_j——全国 j 产业的销售收入。

η_{lij}值越大，此产业作为区域主导产业的可能性越大。

（3）产业贡献率

主导产业在区内必须具较大的规模，产业贡献率较高，才能起到带动作用，发挥主导优势。规模过小，具有较高发展潜力的企业只能作为潜在的主导产业，不能作为现实的主导产业，只有产值占有一定比重的产业才可能是区域的主导产业。产业贡献率计算公式为：

$$\varphi_{lij} = \frac{g_{ij}}{g_j} \times 100\% \tag{5.5}$$

其中：

φ_{lij}——i 地区产业的增加值比重；

η_{ij}——i 地区 j 产业的销售收入；

g_{ij}——i 地区 j 产业的增加值；

g_i——i 地区的产业的增加值。

φ_{lij}值越大，此产业作为区域主导产业的可能性越大。

（4）比较劳动生产率

比较劳动生产率是指区域中该产业与各产业平均劳动生产率之比，高低反映了产业技术水平和经营管理水平的高低。计算公式为：

$$\gamma_{lij} = \frac{g_{ij}/l_{ij}}{g_i/l_i} \times 100\% \tag{5.6}$$

其中：

γ_{lij}——i 地区 j 产业的比较劳动生产率；

g_{ij}——i 地区 j 产业的增加值；

l_{ij}——i 地区 j 产业的劳动力从业人数；

g_i——i 地区的产业的增加值；

l_i——i 地区各产业总的劳动力从业人数。

γ_{lij}大于 1，说明此产业的劳动生产率高于区域全部产业劳动生产率的平均水平，是具有比较优势的产业，比较劳动生产率越大，其比较优势越明显。

5.3.3.3　技术进步

选择技术更新快、技术要素最密集型的产业作为主导产业，可以保证此区域产业技术领先，具有竞争力，保证区际分工中不断占据比较利益最大的领域。资源型城市经济总量较高、规模较大、产业单一，产业难以实现多样化发展。因此，主导产业可以通过科学技术实现产业高效率、多样化发展。科学技术实现资源型城市资源的有效配置。生产率上升率是作为技术进步的标志，所以以生产率的上升率作为技术进步的指标。

由于大部分资源型城市并非省级城市，考虑到统计数据的可获得性，用如下公式计算生产率上升率：

$$\delta = \left(\frac{\alpha_{t2}}{\alpha_{t1}} - 1 \right) \times 100\% \qquad (5.7)$$

其中：

δ——产业劳动率上升率；

α_{t1}——基期劳动生产率；

α_{t2}——报告期劳动生产率。

5.3.3.4　可持续发展

要确保区域经济持续高速发展，需要主导产业持续的拉动经济增长。投入要素决定资源型城市主导产业的发展，因此投入要素在主导产业提升的时期内应具有持续性。主导产业投入供给的持久性是区域经济的持续性增长保证。站在经济环境一体化发展的角度分析，资源型社会的主导产业拉动此地区经济发展的同时还要逐步提升此区域自然环境。突出环境的重要性，彰显"绿色产业"的宗旨，实现经济环境可持续发展的宏伟目标。资源城市主导产业可持续发展，表现在环境污染小和资源高效运用两个方面。环境污染的大小可以通过环境治理花费来衡量，资源高效运用可以通过单位产出耗能衡量，即单位产出成本费的高低。环境污染具有外部性，不便衡量，因此我们将高污染产业排除在外。这里我们主要通过总产值贡献率和成本费用利润率这两项指标来考察产业的可持续发展。

总资产贡献率 =（某产业利税总额 + 税金总额 + 利息支出）/某产业平均资产总额

成本费用利润率 = 某产业利润总额/某产业成本费用总额

5.3.3.5　就业能力

结构性失业是资源型城市失业主要因素，选择的主导产业应该能提供较多的就业空间，成为推动资源型城市就业格局升级的动力。

就业吸纳率 = 某产业年平均就业人数/某产业总产值

此指标表明，一定量产出使用的就业量，由此可以评价主导产业的发展是否具有缓解就业压力。

投入创造的就业率 = 某产业年平均就业人数/某产业年平均固定资产净值

此指标表明，生产过程中资本与劳动力的对比关系，即一定量投资所提供的就业机会。可以从这个指标来分析提供一个就业机会所需要的投入，由此反映主导产业的就业功能。

5.4　资源型城市主导产业选择决策模型

资源型城市是依靠当地矿产、森林等自然资源开采、加工而发展起来的，其产业结构往往呈现出高度的非均衡性，具体表现为资源型产业在城市经济发展中长期居主导地位，而且在产业结构中占有较大比重。作为基础能源和重要原材料的供应地，资源型城市为经济社会发展提供了重要的物质保证。但是自然资源是有限的，资源一旦枯竭，资源型城市原有的主导产业必然萎缩，严重威胁这些城市的可持续发展。因此，科学选择资源型城市的主导产业、培育新型替代产业是资源型城市政府部门和学术界所关注的焦点。J. Bradbury 研究了西方资源型城市发展的脆弱性，认为其主要原因是过度依赖资源企业，且资源型地区与其服务的中心之间是剥削关系，人力资源、自然资源和资本从前者流向后者，使资源地区本身欠发达；B. Marsh 从居民归属感角度说明资源型城市的消亡是有刚性的，因为这些地区的居民既是这个城市最初的劳动者，也是这个城市社会景观的缔造者，他们对这个地区怀有一种难以割舍的感情，延迟了城市的衰亡。A. O. Hirschman 的不平衡增长理论认为，由于发展中国家资源的稀缺性，进行全面投资和均衡发展一切部门几乎是不可能的，因此只能把有限的资源有选择地投入某些行业，使有限资源最大限度地发挥作用。张米尔、许光洪等学者强调资源型城市产业结构调整的必要性；齐建珍针对不同类型的城市，提出了相应的产业结构问题与调整对策。从现有研究来看，多数成果只注重对城市产业结构的分析，关于资源型城市接续产业选择的模型还不够成熟和完善；对产业结构调整优化的方向和接续产业选择的一些建议，缺乏严密的分析论证和深入的理论探讨。

综合运用数据包络分析和主成分分析方法，构建资源型城市产业二维优选模型，对产业目前的技术和规模的相对有效性、各个产业规模效益的增减趋势以及产业在未来发展的潜力同时做出评价，作为资源型城市选择主导产业的重要依据。

5.4.1 产业相对有效性评价模型

资源型城市依托主要资源形成多种产业，各产业运行效率不同。产业运行系统是多方投入、多方产出的复杂系统，运用传统效率评估方法，如投入产出法、模糊综合评价法等。在评价多投入、多产出且同时存在多个评价部门的情况下操作起来有很大的局限性，因为这些方法比较适合于评价对象单一的项目。数据包络分析。（Data Envelopment Analysis，DEA）有效地解决了对此类复杂系统运作效率的评价问题。DEA 对多个投入和多个产出指标进行综合系统测量，以准确的数据为基础，避免了主观随意性，评价结果更加客观。由于林业资源型城市的产业系统具有多投入和多产出的特征，产业投入条件和发展环境等往往具有较大的同质性，运用 DEA 来分析和评价林业资源型城市产业的效率问题具有合理性。本书基于林业资源型城市产业的投入和产出关系，以相对效率为基础，构建产业相对有效性的 DEA 模型，用于评价产业目前的技术和规模的相对有效性。在选择资源型城市主导产业时，综合现有产业的经济效益、社会效益和环境效益，将多种产业选择基准相结合，形成较为科学的指标体系。投入指标包括产业就业人数（x_1）、产业研发投入额（x_2）和产业固定资产总额（x_3）；产出指标选取工业利税总额（y_1）、工业增加值（y_2）、产品或服务销售收入（y_3）。

$$\begin{cases} \min\theta \\ \text{s. t. } \sum_{j=1}^{n}\lambda_j X_j \leqslant \theta X_{j0} \\ \sum_{j=1}^{n}\lambda_j Y_j \geqslant Y_{j0} \\ \lambda_j \geqslant 0 \end{cases} \quad (5.8)$$

其中，X_j 表示第 j 个产业的投入变量；Y_j 表示第 j 个产业的产出变量；θ 表示被评价产业的总体效率；λ_j 表示 n 个产业的某种组合权重；$\sum_{j=1}^{n}\lambda_j X_j$ 和 $\sum_{j=1}^{n}\lambda_j Y_j$ 分别为按权重 λ_j（j＝1，2，…，n）组合的投入和产出向量。

此模型是由 n 个产业构成的生产可能集 T＝（X_j，Y_j），（X_{j0}，Y_{j0}）为 j_0 产业（待评价的产业），且（X_{j0}，Y_{j0}）∈T。只要能在 T 内找到与这个产业相对应的虚拟产业，使其产出在不低于第 j_0 产业的产出的条件下，投入尽可能地减少。运用运筹学中的线性规划进行求解，引入松弛变量 s^+、s^- 和非阿基米德无穷小 ε。书中取

$\varepsilon = 10^{-5} \backslash 10^{-6}$），则式（5.8）可变为：

$$
\begin{cases}
\min[\theta + \varepsilon(\hat{e}^T s^- + e^T s^+)] \\
s.t. \sum_{j=1}^{n} \lambda_j X_j - \theta X_{j0} + s^- = 0 \\
\sum_{j=1}^{n} \lambda_j Y_j - Y_{j0} - s^+ = 0 \\
\lambda_j \geq 0, s^- \geq 0, s^+ \geq 0
\end{cases}
\tag{5.9}
$$

其中，$\hat{e}^T = (1,\cdots,1)^T_{1 \times m}, e^T = (1,\cdots,1)^T_{1 \times m}$。

对式（5.9）求解。设其最优解为 θ_j、λ_j、s_i、s_r，可以分以下几种情况：

（1）$\theta_j = 1$，并且在它的最优解中有 $s_i^- = 0$、$s_r^+ = 0$，则说明第 j_0 产业为 DEA 有效，即技术有效且规模有效。

（2）$0 < \theta_j < 1$，说明第 j_0 产业是非 DEA 有效的，而且，θ 值越小，一般说明其相对有效性越低，这样就可以对产业的相对有效性进行比较和评价。

（3）若存在 λ_j，使 $\sum_{j=1}^{n} \lambda_j = 1$，第 j_0 产业的规模效益不变。若不存在 λ_j，则 $\sum_{j=1}^{n} \lambda_j < 1$，第 j_0 个产业的规模效益递减，$\sum_{j=1}^{n} \lambda_j > 1$，第 j_0 产业的规模效益递增。

5.4.2 产业发展潜力评价模型

对于资源型城市产业发展潜力的评价尚没有比较完善的评价指标体系。本书针对林业资源型城市产业发展的实际情况，设置了此区域产业发展潜力的评价指标体系。遵从资源型城市的产业发展的实际和总目标要求，按照评价指标体系构建的基本原则，借鉴国内外产业优选评价指标体系研究已经取得的成果，设计了产业发展潜力的评价指标体系（见表5.1），各指标的计算方法限于篇幅此处省略。

表 5.1　　　　　　　　　　　　产业发展潜力评价指标体系

产业发展潜力评价指标体系	产业增长潜力	产业收入需求弹性
	产业关联度	影响力系数
		感应度系数
	产业经济效益	成本费用利润率
		资产利税率
		固定资产产出率
	产业比较优势	区位商
		市场占有率
	产业科技进步	科技进步率
		技术要素相对密度
		单位产值能耗指数
	产业人力资源素质	文化素质综合指数
		技术素质综合指数
	产业社会效益	人均收入增长率
		就业吸纳率
		投入创造的就业率
		主要污染物综合治理指数

采用主成分分析法建立产业发展潜力评价模型，基本步骤的数学表示如下：设 p 个主成分分别为 F_1，F_2，$\cdots$，F_p，对应的特征值分别为 λ_1，λ_2，$\cdots$，λ_p。一般只要取前 k 个主成分的累积贡献率超过85%。产业的综合评价数学模型为：

$$\begin{cases} F_1 = a_{11}X_1' + \alpha_{21}X_2' + \cdots + \alpha_{p1}X_p' \\ F_2 = a_{12}X_1' + \alpha_{22}X_2' + \cdots + \alpha_{p2}X_p' \\ \qquad\qquad\cdots\cdots \\ F_m = a_{1m}X_1' + \alpha_{2m}X_2' + \cdots + \alpha_{pm}X_p' \end{cases} \qquad (5.10)$$

其中，α_{1i}，α_{2i}，$\cdots$，α_{pi}（$i = 1$，2，$\cdots$，m）为 x 的协方差矩阵的特征值对应的特征向量，X_1'，X_2'，$\cdots$，X_p' 是原始变量经过标准化处理的值。X_{ij} 为原观察值，x 为数据均值，s 为标准差，则标准化后

的观察值 $\left(X'_{ij} = \dfrac{X_{ij} - X}{S} \right)$。i 表示某一产业的第 i 个评价指标，j 表示第 j 种产业，F_j 为区域 j 产业的综合得分，α 为 i 指标的权重。根据各主因子的方差贡献率以及各主因子内部主要指标的载荷系数，构造林业资源型城市产业发展潜力模型：

$$F_j = \omega_1 F_{1j} + \omega_2 F_{2j} + \cdots + \omega_n F_{nj} \qquad (5.11)$$

5.4.3 产业二维优选模型

通过对资源型城市产业的现在相对有效性和未来发展潜力两方面的评价，我们可以对资源型城市的相关产业进行综合评价。采用杜纲等提出的基于二维坐标系四方格评价与分析方法。具体方法如下：

（1）基于产业相对有效性的 DEA 模型和资源型城市产业发展度评价模型所得到的评价结果，从两个角度综合考虑，产业目前的技术和规模的相对效率 θ_j 以及产业发展潜力 F_j。以各个产业现在的相对有效性 θ_j 作为横坐标，产业发展潜力 F_j 作为纵坐标。然后以各个产业发展潜力 F_j 和相对有效性 θ_j 的平均值为界限，把横轴坐标和纵轴坐标分为两部分，并放在一个屏幕中，就形成了资源型城市产业二维优选模型，由此形成二维坐标平面的 A、B、C、D 四个区域，如图 5 - 5 所示。

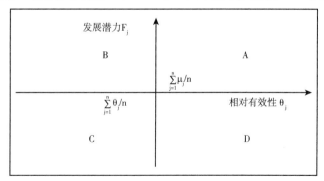

图 5 - 5　资源型城市产业四方格评价模型

（2）依据各产业现在相对有效性和未来发展潜力的评价结果，将其相应的二维坐标点标注于建立的二维坐标平面内，其中，如果产业相对有效性的评定计算的是多年的结果，则先将其进行平均，把平均值标注为产业的相对有效性。

（3）根据各产业在二维坐标中的位置分布，进行综合评价分析和产业选择。

5.5　本章小结

以探析科技创新与资源型城市产业转型的互动关系为出发点，发现科技创新不仅能够带动关联产业的发展，促进资源型产业的升级和创新，还可促使劳动生产率和资本利用率得到提高，导致新兴产业的崛起等。同时，资源型城市产业转型反作用于科技创新，拉动其水平的提升。市场调节、政府调控是重要的实施手段，以生命周期理论作为依据，分析了资源型城市产业转型的内在机制。为提供资源型主导产业选择的科学性，本章在构建资源型城市主导产业选择指标体系的基础上，选取产业相对有效性评价模型、产业发展潜力评价模型、产业二维优化模型为参考，提出了主导产业决策模型的构建与实现。

第6章　资源型城市产业转型模式与路径

6.1　国外资源型城市产业转型模式

　　城市的产业结构是决定城市的经济功能和城市性质的内在因素。古典经济学和马克思社会资本再生产理论均指出，产业结构提升是产业结构合理化和产业高度协调统一的过程。即实现产业间的协调和各产业部门合理比例关系两者的统一。故产业结构优化升级决定着资源型城市产业转型的方向。因此资源型城市产业转型一般有三种转型模式：

　　（1）改造传统产业。通过改善技术和管理水平，提高资源开发利用率，增强企业竞争力，从而延伸资源型产业的生命周期。

　　（2）对产业链进行延伸。以资源的开发与加工作为基础产业链条，通过将深加工等产业加入此产业链中，拓展其深入与广度。

　　（3）引进新的替代产业。即抛弃原有依托资源开发和加工的产业重心，引入新产业。而新产业不仅要规避资源枯竭带来的产业衰竭，更要求其能够为城市发展带来新的竞争力。这在实践中比较困难。

　　改造传统产业的模式是依托资源型产业提高生产效率，后两种模式则是促进多元化发展；前两种模式是在原有资源型产业基础上的改善，引进新的替代产业则是产业的替代。这三种模式本质上则是使经济结构由以资源开发和加工为主向三次产业均衡发展演进；由制造初级产品的产业占优势比重逐级向制造中间产品、最终产品的产业占优势比重演进，从而促进经济结构多元化。这也被认为是城市产业转型的一大关键。

6.1.1　以市场为主导的转型模式

　　市场主导型产业转型模式以美国、加拿大、澳大利亚为典型，以煤、铁和石油三大资源型产业为主，具有规模小，转型易，政府的干预力度弱的共性。因此，其资源型城市产业转型升级是市场选择的结果，一些诸如预警系统建立、专项保险机制等国家基础性政策措施在转型过程中不起主导作用，仅协助产业实现平稳转型。

市场主导型产业转型方式的主要特点，是产业转型的主体是企业，政府一般不直接干预企业经营。对资源型企业何时退出，如何退出，主要依靠市场机制调节，由企业自主决定。由于市场的力量的普遍性，经济要素在区域间、产业间自由流动的频率越来越快、规模越来越大，因此资源型城市选择何种转型方式最终应由市场来决定。

资源型城市经济转型，也是一次城市经济资源的再配置，产业转型就是要重新组合现有的生产要素，发展成为新的产业。开放与竞争是市场经济的基本特征，也是市场调节的基本要求，资源型城市产业转型目标的实现，单纯依靠国家和政府的投入是不可能的。在城市经济中，企业是基本的经济活动单位，也是独立的经济主体。城市的产业转型离不开企业的产品转型和产业转型。产业转型的市场调节，就是要使企业真正成为独立的市场主体，由企业承担和完成产业升级和产业结构的调整重组。

6.1.2 以政府为主导的转型模式

政府主导的产业转型，是指由国家对某个资源型城市功能的重新定位，通过立法、制定宏观调控政策以及直接投资的方式来支持资源型城市，促进城市功能完成转化的一种产业转型方式。其中，中央政府行使职能，通过建立社会保障制度，运用产业政策倾斜和财政转移支付补助等一系列手段给予支持。借鉴很多国家成功转型的案例，加强中央政府和地方政府的密切配合，共同完成资源型城市的产业转型。

日本是以政府为主导资源型城市转型的典型国家。20 世纪 70 年代，日本部分地区以煤炭为主导产业，产量由 5000 万吨下降到 1000 万吨，这使日本政府意识到产业转型的必要性和紧迫性。具体措施包括：进口资源代替国内资源，支持产煤地域基础设施建设，扶持大型项目，建立、发展替代产业等。一方面寻求资源产区经济结构多元化；另一方面振兴产煤地区。被世界公认最为系统产业理论之一的日本产业政策理论，在产业转型的过程中，政府以新的产业政策为导向，有选择性地对产业转型过程中的区域进行干预，兴办了一批新企业，现如今此区域已成功转变成日本新的高新技术产业区。另外，以法国、德国鲁尔为代表，其资源型城市的产业转型升级也是政府作用占主导。

6.1.3　自由放任式转型模式

自由放任式转型模式以苏联和委内瑞拉为代表，苏联政府根本不参与资源型城市的产业转型。以巴库为例，20 世纪 40 年代，巴库油田的产量达到顶峰，占苏联的 71.5%。但由于产业形式过分单一，到 50 年代，储量枯竭，产量剧降，完全依赖石油资源的石油加工业开始萎缩，城市发展速度迅速减缓。无独有偶，委内瑞拉的玻利瓦油田也是如此。由此可见，依托不可再生资源的资源型城市不能自然保持其稳定发展。资源的储备量一开始就决定了企业的生产规模和服务年限，决定了城市以资源产业为主导功能的时间长短，伴随着资源产业的生命周期，城市必将面临转型和可持续发展等严峻考验。

6.1.4　产业延伸模式

产业延伸的转型方式，是指以产业链延伸的主导模式促进资源型城市产业的成功转型。在资源开发的基础上以这种方式大力发展下游加工业，建立起以资源深度加工和利用为主导的产业群，提高资源的附加价值，从而推动区域产业的转型和带动区域的可持续发展。

上下游产业在这种转型方式下生产、管理和技术方面相关性显著，在转型初期充分发挥本地优势的基础上实施转型的难度较小。针对那些资源储量及开发成本尚有一定优势的单一资源型城市，可采用产业链扩展与延伸方式弥补产业附加值低，辐射影响力不强的劣势，从而促进城市产业的可持续发展，实现转型。

随着产业链的不断延伸，下游产业逐渐发展壮大，其竞争能力将逐步增强，下游企业和与之配套服务业企业的数量不断增长，大量生产经营相关联的企业在一定空间内的聚集所带来的生产专业化、低运输成本、低交易费用、便捷的沟通和配套服务将促使聚集经济，逐渐完善城市功能。即使将来此区域的矿产资源面临枯竭，也可以维持城市的长久繁荣。

以资源开发为基础，致力于发展下游加工业，形成一个实现资源深度加工利用的。如由开发油田兴起的克拉玛依市，石油化工体系建于油气开发初期，主导产业由单一石油开采转为石油开采石油化工并重，使其油气勘探取得重大进展。即使日后出现的本地石油生产萎缩，也可通过输入周边原油进行加工来保证城市可持续发展。

6.1.5　产业更新模式

产业更新方式，是指选择合适的创新型产业，扶助原有边缘产业成为新的主导产业，或者将新的主导产业直接植入资源型城市，从而使资源型城市彻底摆脱对原有资源优势的依赖，推动新的城市产业体系建立并实现产业成功转型的方式。合理运用资源开发所积蓄的资金、技术和人才以及外部力量，将原来从事资源开发的人员转移到创新型的产业上来，建立起基本脱离原有资源的新兴产业群。

以资源开发所积累的资金、技术和人才为基础，借助外部力量建立一个基本不依赖原有资源的产业群。以法国洛林为例，当煤炭和铁矿开采业完全失去竞争力时，政府断然采取措施，在 1996 年，APEILOR（洛林工业促进与发展协会）和 DATAR（土地整治与地区行动领导办公室）的成立以及相关措施（制定优惠政策、大量吸引外资、建立企业苗圃等）的落实实施，促使替代产业顺利发展。加之政府和欧盟为产业转型投入大量资金（法国政府每年投入约 30 亿法郎，欧盟每年投入约 20 亿法郎）使洛林的产业转型成效明显，现今洛林的汽车、电子和塑料加工已经取代了传统的煤炭和铁矿开采业。

在采用产业更新方式实现产业转型的进程中，有两种培育新兴主导产业的方式：一是扶植原有边缘产业成为新的主导产业；二是创新主导产业。扶植原有边缘产业成为新的主导产业，是指在原有边缘产业逐渐发展并取得一定优势的基础上，转变成为主导产业。如逐渐减少对本地原料的需求，矿产品初级加工业所需矿产品逐渐转向外地供给，缩减对本地原料的依赖，最终成为摆脱本地原料依赖的纯加工型企业。随着不可再生资源消耗殆尽，城市的性质逐渐发生改变，在城市经济中矿产品产生的价值以及在初加工业中本地原料所创造的产值所占比重逐年降低。城市经济的主导产业从矿产品资源开发转变为矿产品加工，形成新的产业集群。此时，城市经济的命运不再依赖于资源条件，资源型城市的面貌转变成为综合型工业城市。

创新主导产业的产业转型方式，适用于资源开发成本很高并且资源濒临枯竭的资源型城市。一般通过本地企业和外来投资的相互合作，紧紧围绕资源型城市的区位优势，促进替代产业群的发展，进而加强整个城市的竞争优势，形成产业转型与区域发展的良性互动。鸡西市在主要矿产资源煤炭大量开发之后，寻求次级矿产资源石墨的开发。当矿业城市具备雄厚的资金、技术力量以后，就不仅仅局限利用本地资源的区位优势，可能还会利用资金、技术等更高一级的因素发展与之相关的产业。

为推动日本著名煤矿产区日本九州的产业转型，日本政府制定了一系列相关重要政策以及与之配套的措施。20 世纪 60 年代初，由于保护煤炭行业代价高昂，日本政府决定采取放弃政策对九州地区的煤矿实行全面关闭，致使煤炭开采业完全退出原来的主导产业位置。为了此地区在煤炭产业全线退出后仍能保持持续稳定的发展，日本用了近 10 年时间将此区域转变成为高新技术产业区，成为国际上煤炭城市比较成功的转型范例。日本政府在财政、税收、金融等方面制定一整套招商引资的政策来吸引外来资本注入，如对开发区内企业的煤炭工人进行安置工作及其子女的就业问题给予补助，承担事业煤炭工人的培训费用并解决再就业问题，根据用人比例高低给予优惠差别政策等。九州地区的产业结构因为一批新企业的注入得以调整优化，也因此九州地区由传统的煤炭生产区域转变成为日本新的高新技术产业区。

6.2　国内产业转型典型实践

我国资源型城市产业转型虽然初步取得成功，如大庆市以同种资源为基础发展替代产业，抚顺市以替代资源为基础发展替代产业。但是目前看来，总体转型效果并不理想，东北资源型城市真正完成转型任务的几乎没有。除抚顺之外，多数资源型城市并没有从根本上解决接续产业问题，只是通过各种渠道解决了部分下岗职工就业的燃眉之急。由于接续产业没有发展起来，资源产业虽然已经衰退，但仍占据着城市经济的主导地位，致使经济发展举步维艰。有的资源型城市从表面上看已经完成了转型任务，但产业转型的根本问题并没有得到解决。如 2002 年本溪市已将矿井全部关闭，煤炭产业已经从城市中消亡，但是接续产业并没有发展起来，弥补不了原来煤炭产业所创造的价值；一大批下岗职工的再就业非常困难，环境治理的欠账也比较多。有的资源型城市面临矿竭城衰的威胁，引起了各级政府的高度重视，正在开始转型。如辽宁省阜新市曾是新中国最早建立的煤电生产基地之一，近20年里阜新14座煤矿相继报废，到2005年78万人的城市下岗人员将超过20万人。阜新产业转型的思路是退出第二产业，进入第一、第三产业，包括现代农业、设施农业。一些资源型城市虽然感到煤炭资源日益萎缩的严重性，但对转型缺乏足够认识，没有紧迫感。处于成长期的资源型城市，虽然会遇到一些矛盾，但对转型并没有引起重视，甚至根本没有考虑，这些城市目前是加紧开采，使资源产业越做越大，而不是未雨绸缪，提前培育接续产业，存在明显的短期行为。

我国资源型城市种类繁多，其中主要包括石油、煤炭、森工和有色金属资源型城市。下面以大庆市、阜新市、伊春市和白银市为典型，阐述我国资源枯竭型城市的转型路径。

6.2.1　石油型城市——大庆市的产业转型模式

6.2.1.1　大庆市基本情况

大庆市位居黑龙江省松嫩平原腹地，大庆位于黑龙江省西部，总面积2.1万平方千米，人口260余万人，是全国最大的石油生产基地和重要的石化工业基地。大庆市经济水平处于全国百强城市前列，在黑龙江省经济发展中地位举足轻重。2010年，大庆市完成地区生产总值2900亿元，即将进入"GDP3000亿元俱乐部"。大庆市被《福布斯》杂志评选为内地最适合投资办厂的二十个城市之一，居第九位。2009年12月14日，上海石油交易所大庆石油交易中心投入使用，大庆市将逐步成为中国北方独特的石油现期货交易中心和石油金融中心。

在连续保持24年原油5000万吨以上的产量后，大庆油田原油产量在2003年首次降至4830万吨，2012年原油产量为4000万吨，预计今后将继续减产。三大产业结构的百分比由2006年的3.11：85.7：11.2

调整为 2012 年的 3.8∶80.9∶15.3，仍然呈现出两头小、中间大的橄榄球型结构，其中第三产业比黑龙江省低近 15 个百分点，三大产业结构调整的任务依旧十分艰巨。而工业内部结构也极不协调，"重工业过重、轻工业过轻"的特点十分明显，而重工业内部则以石油开采和加工业为主，呈现出典型的资源型经济结构。截至 2011 年，大庆石油开采业占全市经济比重仍达 47%，发展接续产业、加快经济转型成为急需解决的一个历史性课题。

6.2.1.2　阻碍大庆市转型的主要问题

（1）产业发展不均衡。大庆三大产业的产值在 GDP 中贡献度比例严重失衡。第二产业所占的比例在 80% 以上，在产业结构中占据主导地位。第三产业，尤其是服务业发展缓慢，由于大庆把大部分资源都投入第二产业，导致第三产业投入较少，配套设施不齐全，没有形成完善的产业链。在 GDP 中所占比例比较低，仅在 10% 左右。根据钱纳里标准：人均 GDP 在 2000~3000 美元时第二产业占 GDP 的比重为 33.2%~38.9%，第三产业比重为 50.5%~51.3%，而大庆市人均 GDP 已经远远超过了这个范围，达到了 15000 美元。第二产业比重为 80.9%，第三产业比重仅为 15.3%，远远低于标准水平。这表明大庆市由于第二产业过重，挤占了第三产业的发展空间，导致第三产业发展很不充分。另外，不只是产业间发展不平衡，产业内发展也不协调。尤其是重工业，其内部结构存在"重工业过重，轻工业过轻"的特点，石油开采和加工业在重工业中占据主导地位。对石油资源的利用率低，产品精加工的力度不够，缺乏对石油进行深加工和精加工的配套产业，一定程度上阻碍了产业链条的延伸。然而，由于工业片偏重，导致人们平时所需的生活用品对外依赖性强，原本由于石油输出所带来的利润向外转移，产业效益不高，对城市电力、交通、邮电通信等基础设施投入不足。由此可见，大庆市不仅产业间结构存在失衡，产业内发展也不协调，这严重阻碍了大庆市的产业转型。

（2）地方经济发展不充分。大庆由于资源禀赋、国家政策的原因，入驻了一大批国有大企业。大庆市的财政收入来源主要是这些国有企业，尤其是大型的石油、石化公司。虽然大庆市总产值一直以来呈现不断增长的态势，但增长步伐明显放缓，并且在整个工业产值中，地方工业所占比例很小。另外，经过几十年的超负荷开采，大庆市石油资源急剧减少，开采越深，难度就越大，开采成本也就急剧增加。因此，石油产量近几年出现不同程度的下滑，相应的石化产品产量也正在不断下降，这会导致一直以来大庆赖以生存的石油产业的萎缩，给大庆的经济收入带来很大的损失。就现在看来，这种由石油产量下降所带来的经济损失是大庆地方经济无法弥补的。因此，大庆地方政府要想遏制这种局面，就必须继续依赖当地的石油、石化企业。在这种状态下，为减轻对国有大企业的依赖，实现产业转型，政府应尽可能从财政中的挤出资金支持地方中、小企业的发展。减轻对国有大企业的依赖，为大庆的经济转型做好铺垫。否则，大庆很容易陷入恶性循环。

（3）水资源匮乏日益加重。随着石油的开发，大庆面临着耕地沙化和盐碱化等问题，大庆耕地每年大约有1%的土地沙化或盐碱化。随着大庆石油的开发，大庆周边草原荒漠化程度达到90%以上，草原的荒漠化引起水资源严重匮乏。地表水较少严重影响了农业、工业以及居民的生活。环境恶化、工业污染、水资源匮乏制约着大庆的产业转型。

（4）落后的管理体系。大庆的经济发展步伐没有跟上我国经济体制改革的潮流，计划经济的众多矛盾积累至今，严重阻碍了大庆经济的发展。大庆的依旧沿用着地方政府、石油、石化三方管理的管理体系，政府、社会、企业的社会职能界限不清。当地石油企业承担了当地的社会保障服务。包括教育、医疗卫生、社会保障、公共交通等众多领域。这些费用的支出，加大了企业负担，降低了企业的规模效应，阻碍了大庆产业转型。

6.2.1.3　大庆市的转型条件和潜力

大庆的可持续发展虽然面临重重困境，但大庆也有自身的优势，只要抓住机遇，充分利用各种有利条件，解决面临的问题，大庆完全可以实现长久的繁荣、发展。

（1）区位优势。大庆距黑龙江省省会城市哈尔滨市只有 159 千米，在黑龙江中部地区的经济发展中大庆具有重要的战略地位。大庆与黑龙江省的经济联系正在逐步加强，黑龙江省中部地区经济的发展为大庆提供了广阔的市场。大庆是全国石油、石化工业中心，在黑龙江省内大庆是仅次于哈尔滨市的经济中心。大庆拥有国家高新技术园区，它是全国 53 个国家高新技术园区之一。大庆距最近港口的大连港，铁路里程 1107 千米，路程稍远，这是大庆区位的最大劣势，但大庆的公路、铁路、管道、水运四种运输手段弥补了这一补足。良好的区位优势只是大庆发展区域经济的外部条件，大庆要想实现产业结构的优化，实现经济的可持续发展，还需要其内部因素的努力。

（2）经济优势。大庆市的经济基础雄厚，既有特大油田，又有大规模的石油化工产业，石油储量丰富，原油产量可长时间维持较高水平，而且石油价格继续高位运行的可能性较大，可以为大庆结构调整提供掩护和支撑。随着 120 万吨乙烯、60 万吨聚丙烯及石化产品深加工等一批石化大项目的陆续建成投产，石化产业将进一步做大做强，非油工业规模将进一步壮大。以高新技术为先导、依托城市综合优势发展起来的地方工业已连续 5 年保持 40% 左右的高速增长，农产品加工及食品制造、机械、皮革、纺织等产业集群雏形已经形成，旅游、服务外包等现代服务业蓬勃兴起，非油经济长足发展，将推动产业结构不断升级。

（3）政策优势。国家实施东北地区等老工业基地振兴战略，《东北地区振兴规划》、《关于促进资源型城市可持续发展的若干意见》

已经出台；省委、省政府明确提出支持大庆创建百年油田，把大庆作为建设石化基地的龙头、哈大齐工业走廊的骨干和中坚；国家商务部把大庆作为服务外包产业示范区，黑龙江省与中油集团签订战略合作协议，中油集团决定在大庆建立石油石化装备制造业基地；等等。大庆将因此得到国家、省和中油集团的特殊政策和资金扶持，为推进经济结构战略性调整创造了良好的政策环境。

6.2.1.4　大庆市经济转型路径的选择

（1）优化调整产业结构。大庆调整产业结构首先应着手发展第一和第三产业。完善农业基础设施建设，引进先进的农业生产技术和经营管理经验，加强农业的基础性地位。加大对第三产业的扶持和引导，科学规划产业布局，完善城市服务功能，使第一、第二、第三产业协调发展。

（2）积极发展第三产业。随着石油资源的枯竭、石油产业呈现萎缩的趋势，再加上技术更新和职工年轻化。下岗职工在大庆失业人口中比例呈现上升的趋势。首先，可以发展与其特征相符合的行业，包括园艺、社区服务、物流、餐饮、技师培训机构等。下岗职工可以根据自己的专业技能选择合适行业实现再就业。通过发展这些行业既可以解决下岗职工再就业问题，还可以为涌入城市的农村剩余劳动力提供就业岗位。大大减缓了大庆的就业压力。其次，大力发展现代服务业。发展服务业不能只局限于建设购物广场、商务会所、星级酒店等，还要加快发展信息咨询、金融保险、房地产等现代服务业，尤其是金融业，它不仅可以为大庆市的产业转型、各产业的均衡发展提供资金支持，而且可以为国有企业的注入活力，是社会资本的活力充分涌现，可以把一些国有企业转化为地方企业，甚至是私营企业。还可以为地方经济（尤其是中小企业）的发展提供资金保障，减轻地方财政对石油化工企业的依赖，避免陷入恶性循环。再次，培育培训机构，一方面可以为当地农民传授农业生产技术和先进的经营管理经验，实现农民增收和农业增产。不断加强农业的基础地位；另一方面可以为进城农民工提供上岗的技能培训，通过开展培训，提高从业人员的知识水平和技能，促进社会劳动生产力的提高。最后，大力发展文化产业，实现文化的大繁荣大发展，促进社会和谐。通过发展报纸、广播电视、网络出版业等产业合理配置资源，形成系统完善的文化产业链条。通过开发积极有益的文化产品和大众喜闻乐见的文化活动丰富市民的精神生活，向社会传递正能量。通过网络、电视等传媒工具积极引导具有大庆特色的文化产品走向国际。促进文化产业投资多元化，逐步形成文化产业集团，提高文化产业的竞争力，打造有深厚文化内涵的城市。

（3）着力培养地方经济。一方面，私营企业需要完善管理机制，创新技术、提高服务质量，扩大生产实现企业规模效应，降低企业生产成本，提高企业生产效率，实现高收益；另一方面，政府需要引导、鼓励、扶持私营企业发展。整顿市场秩序、拓展产业渠道、维护投资者合法权利，提供私营企业的正常经营秩序；同时还要通过多种方式的招商引资形式，为私营企业提供多种渠道的融资途径。

（4）加大环境保护力度。加强环境治理强度，提高周边环境，营造良好的投资环境。第一，控制污染源，推行低污染高收益的生产途径。加大环保技术创新的投入，引进环保科学技术，实现产业向低污染型产业转型。第二，重点培育一系列绿色企业、节能产业和生态型产业。对于高污染、高投入、低收益的粗放式发展的企业实行限制措施。第三，制定地方法规政策，引导企业进行清洁生产，扶持低碳产业和生态型工业，拓展产业链，促使部分产业向第三产业转变。第四，对不符合排污标准的企业要加大惩治力度，对环境构成严重污染企业且没有战略价值的企业要坚决予以关停。建立专门的垃圾处理厂，对各类污染物和生活垃圾进行分门别类的处理。

（5）深化管理体制改革。彻底摒弃计划经济遗留下来的已经僵化的体制。在产业转型过程中，政府要切实转变职能，管理好"有形的手"，打造服务型政府，掌控好经济转型大局。要真正实现市场对资源配置的决定性作用，让市场来决定结构调整、技术改造、企业重组等，以实现优胜劣汰。政府的任务主要是制定符合大庆市情的政策和规划，为企业发展营造良好的外部环境。

（6）优化产业空间布局。着力打造地方经济"五大特色板块"，进一步构建以高新区为主体的高新技术产业发展板块，以萨尔图区、让胡路区和龙凤区三个主城区为主体的现代服务业发展板块，以大同区和红岗区为主体的城郊经济发展板块，以杜尔伯特和林甸县为主体的生态经济发展板块，以肇州县和肇源县为主体的现代农业发展板块，打造地方经济"五大特色板块"的总体发展布局。按照五大板块的总体布局，引导重点发展的产业加速向高新区、经开区、光明产业新城、林源化工、肇州工业园区、杜尔伯特德力戈尔、大同新河、肇源大广、红岗铁人、林甸空港等十大园区集聚，形成以两个国家级开发区发展为核心，其他园区特色突出、优势互补、协调发展的新格局。

（7）科学选择发展方向。进一步提升重点产业规模层次。大庆市石化原料种类多、数量大，具备充足的原料和良好的产业基础，拉长延伸产业链条空间广阔，大庆今后仍需要以石化产品深加工为重点，大力发展乙烯、丙烯、C4、C5、C9、芳烃等产业链，逐步建立起世界级石油化工产业基地；考虑到大庆及周边地区农畜产品资源富集，精深加工企业已形成一定基础，未来一段时期，还应该把农畜产品深加工作为产业升级的重点；考虑到大庆中直大企业生产装备需求量大，每年外部采购量超百亿元，作为大庆主导产业之一的石油石化装备制造业，更应该是产业升级的重点和主攻方向。同时，大庆还有着丰富的风能、地热能、太阳能等资源，可以围绕这三大产业，重点建设风能发电、低碳光伏产业园、太阳能热水器和温室大棚、风光互补路灯照明等项目，着力构建形成以石油、天然气为主，风能、太阳能、地热能全面发展的能源产业发展新格局，把新能源产业发展成为大庆接续产业的新支柱。

（8）大力发展高新技术和战略性新兴产业。既要通过产业升级来巩固传统产业的优势，以此作为自己的立身之本，又要集聚创新资源，形成发展合力，把发展壮大高新技术产业和战略性新兴产业作为促进产业结构优化升级的关键着力点。重点是大力发展高新技术产业和新材料、生物工程、电子信息、服务外包、现代物流、金融保险等战略性新兴产业，全面落实好指导产业发展的专项规划和扶持产业发展的土地、财税、金融、人才等配套政策，加大研发投入，提升产业规模层次，形成新的竞争优势，最大限度地发挥其对全市产业优化升级，经济大发展、快发展的支撑带动作用。

大庆石化经济产业链的结构情况如图6－1所示。

6.2.2 煤炭型城市——阜新市产业转型模式

6.2.2.1 阜新市基本情况

阜新地处辽宁西北部，是国家最早建立的重要的能源基地之一，面积10355平方千米，截至2010年11月的总人口182万人，其中市区人口95万。阜新市有上百年的开采历史，20世纪90年代以来，阜新的煤炭资源就渐趋枯竭，阜新现在煤炭可采储量仅有3.3亿吨，而且煤层太深，开采成本高且难度很大。资源枯竭严重冲击了资源枯竭型城市资源产业一柱擎天的产业结构，经济发展缓慢。阜新的资源产业单一，所占比重太大，煤炭和电在地方经济中所占比重超过50%。阜新市采掘行业的劳动力过剩，进而导致大批资源开采企业的工人下岗失业，同时在城市发展过程中存在着"三废"污染严重、大量占用和破坏土地、土地复垦率低、地质灾害及隐患严重、水资源破坏等生态环境问题。

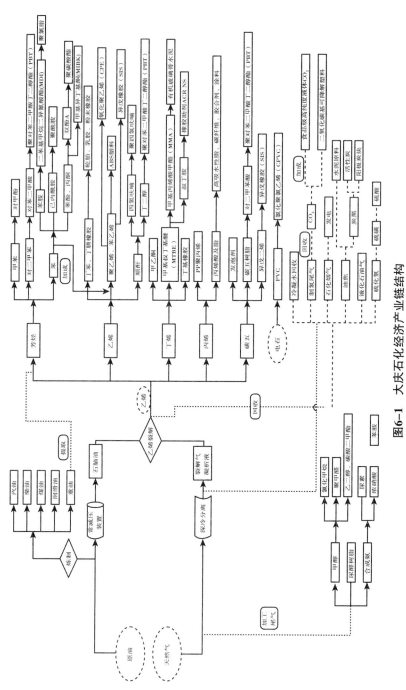

图6-1 大庆石化经济产业链结构

6.2.2.2　阻碍阜新市转型的主要问题

（1）主导产业选择不当，新的接续产业尚未形成。阜新市根据自身优势，因地制宜地发展现代农业，并把其作为优先发展方向。借此提高农产品的质量和附加值。但随着产业转型地不断深入，阜新市逐渐把现代农业作为替代产业。然而，这种转变方式违背了产业进化的规律。随着经济社会的不断发展以及人均收入的不断提高，生产要素（包括劳动力、资源、资本等）从第一产业向第二产业转移，当第二产业发展到一定程度后，再向第三产业转移。因此，阜新把现代农业作为其接续产业并不是长久之计。它必然会沿着产业演变的规律向前发展，逐渐把第三产业作为长期的主导产业来发展。另外，阜新的工业发展很不充分，没有形成完整的工业体系。全市规模以上的工业企业数量只占全省数量的 2% 左右，数量也比本省其他地市少，长期以来依赖煤炭产业的现状没有改变。

（2）阜新在产业转型过程中面临许多障碍。首先是体制障碍。由于资源禀赋和国家政策的原因，阜新与大庆的发展背景相似，入驻阜新的主要是以煤炭为主营业务的国有大企业。这些企业虽然经过现代企业制度改革，但依然存在生产效率低、经营不善等问题。另外，由于这些企业隶属国家所有，就避免不了政府过多地干预企业的生产和经营，在这过程中就会导致资源浪费，不利于产业转型。其次，融资困难。由于阜新经济发展长期以来以煤电产业为主导产业，却忽视了金融保险、信息咨询等现代服务业的发展。导致其融资渠道不畅。近年来，阜新引导产业向高技术化、高工业化、高水平化方面发展，实现产业结构的协调发展，这些都需要投入大量的资金，而这些并不能完全依靠财政负担，需要社会资本的加入。因此必须疏浚资金来源的渠道。而最重要的就是发展现代服务业，从而推动产业转型。最后是环境障碍。由于煤炭开采和加工多属高污染、高能耗的产业，阜新长期以来的煤炭开采不仅导致地表水污染、地面沉降、严重破坏城乡基础设施，还会造成水土流失，同时煤炭加工的煤矸石大量压占土地。阜新为了治理采煤塌陷区，治理环境污染还要付出大量的成本。这无疑给阜新的产业转型雪上加霜。

（3）专业人才的缺乏是制约阜新转型的重要因素。阜新市把下岗职工的再就业作为培育新的主导产业一种方式，而这种方式会阻碍产业向更高级的方向发展，从而阻碍新兴产业的形成，也就很难解决下岗职工和进城农民工的就业问题。因此，实现产业转型的最终出路是优化产业结构，促进产业向更高水平方向发展。优化产业结构就要合理降低煤电产业的比重，把资本密集型和技术密集型产业作为优先发展的方向。而这些产业的发展不仅需要大量的资金，还要有一大批高素质的人才作为支撑。而在人才方面，阜新又远远落后于其他地区。每年毕业的大学生选择在阜新工作的只占 5% 左右。在这里面，又有很多大学生由于专业不对口而失业。总体来看，阜新人才问题主要表现为总量不足、结构不合理。人才匮乏，尤其是专业人才的缺失，直接阻碍了阜新的产业转型。因此，只有不断引进高素质人才，才能为阜新的产业转型提供智力支持，

6.2.2.3 阜新市产业转型条件和潜力

首先，从产业基础来看，阜新的重工业基础雄厚。阜新一开始就是煤电生产基地，在国家"一五"时期的 156 个重点项目中，就有 4 个能源项目安排在阜新，这造成阜新的煤炭经济比重更大，一些所谓的"非煤产业"也都依附煤炭行业，如机械加工、矿建、电力、建材等，煤炭资源的衰竭使其他产业的发展受到很大制约，资源枯竭型城市色彩更为明显。

其次，从区位条件来看，阜新东邻省会沈阳市，南靠渤海辽东湾，北接内蒙古，西与锦州港、京津地区相连。阜新铁路线可直达北京、上海、天津、沈阳、大连等地；高等级公路至省会沈阳 170 千米，至锦州港 148 千米，阜新至北京高速公路只需 5 个小时。综合来

看，阜新市的区位具有优势，在煤炭城市中属于区位较好的城市。

最后，从自然条件来看，阜新属大陆性气候，为半干旱地区，降水较少，森林覆盖率低，水土流失严重。从 1999 年开始，阜新连续五年持续干旱，农业生产受到严重影响。阜新现有耕地 564 万亩，草场面积 106 万亩，正常年份全市粮食综合生产能力约为 15 亿千克，农业劳动力年人均粮食产量为 3125 千克。阜新的风力资源丰富，畜牧业发展条件也较好。矿产资源都以煤炭为主，其他矿产资源优势都不突出。

6.2.2.4　阜新市经济转型的路径

阜新市有着经济结构单一的特点，除了煤、电以外，只有一些产业规模小的生产中间产品的传统产业，无法形成产业链，可替代的支柱产业几乎没有。只有结合阜新自身的特点，再从国外资源型城市转型的成功经验上加以借鉴，建立符合实际需要的转型战略，阜新的经济成功转型才有可能实现。

（1）选择具有比较优势的替代产业。传统产业的相互替代不是经济转型，发展并使资源枯竭型城市的支柱产业最终形成，是其经济转型成功的重要保证。一个城市或地区支柱产业选择的合理性是产业结构调整能否成功的关键性因素。资源枯竭型城市在选择支柱产业时，确定的标准一般是参照其资源状况、区位条件、市场拓展度、生产要素配置等条件，选择替代性支柱产业来改变之前不合理的单一产业结构。阜新市现有的非煤产业和产品具备一定的优势，具有成为本地区主导产业的条件，因此应该加大对其的扶持力度。

（2）以煤炭产量稳定为基础，加快发展煤电产业。虽然现在阜新已经采用高科技手段大力发展煤炭产业的深精加工，但是这种经济转型也是需要时间支持的。因此，为了避免因煤炭产量下降而产生的大量裁员，为了保障工人的基本权利，在一定时期内还是要控制煤炭的开采和生产，要稳定煤炭的产量，采用合理划分开采区域、优化煤炭产品质量，特别是要密切关注、分析煤炭市场形势，利用供不应求的有利形势，为企业多创利。煤电是电力重要支撑产业，而阜新原有煤电产业不健全，存在很多问题。因此，阜新市大力发展煤电产业，通过煤电产业为经济转型提供一定支撑。

（3）招商引资，调整投资主体结构。阜新要想更快地实现转型，需要大量的资金投入，为了更快地吸收资金，阜新设定招商引资的目标。首先，改善原有的投资环境，政府在政策上放宽，从税收、贷款、土地等各方面采取优惠政策，鼓励外来有实力大企业来阜新投资、发展，加快和促进企业之间的合资与并购。阜新的农牧业资源丰富、具有煤电资源优势，充分利用本地的闲置厂房和设施，采取投资主体多元化的战略，依靠国家政策支持、各地城市扶持来实现经济转型的目标。引进外资不仅推动了阜新经济发展，同时也解决了阜新的大批闲散劳动力，为阜新成功转型奠定了坚实基础。

（4）发展创新型经济。我国资源城市的人口综合素质总体上呈现出素质较低的态势，原因是资源型城市的产业基本上属于劳动密集型产业。资源枯竭型城市经济转型遇到的一个大难题就是人才的缺失，尤其是矿区的大量职工，由于长期从事低技术含量的工作，下岗后再就业难度大。因此，阜新市应大力开展职业培训和职前教育，使矿区下岗职工再重新就业前掌握相应的劳动技能。同时，还要注重科技创新对经济转型的巨大推动力，利用引进、开发等方式，对原有的矿业企业进行高科技改造，在替代产业的发展中也要加大科技含量。

（5）重视环境保护和基础设施建设在经济转型中的作用。经济转型所要解决的问题不仅仅是产业结构调整，其成功的重要标志之一就是生态环境的改善。长期以来，单一的煤炭经济使阜新的城市环境和绿化严重被破坏，基础设施也严重落后，历史欠账多。这些问题的存在严重地降低了阜新广大人民群众的生活质量，也使阜新的投资环境变差。要大力发展现代农业，前提是要使落后的农业基础设施得到改善。

6.2.3　林业型城市——伊春市产业转型模式

6.2.3.1　伊春市基本情况

伊春位于黑龙江省东北部，被称为"中国林都""红松故乡""绿色宝库"的伊春具有高达 82.4% 的森林覆被率，是国家重要的森林工业基地。伊春市是以伊春区为中心，由 21 个卫星城组成的林业资源型城市，地域辽阔，是世界上面积最大的城市之一。2005 年 5 月黑龙江省伊春市被国家批准为全国唯一的林业资源型经济转型试点城市。

由于长期受计划经济体制的束缚以及林业经营思想的偏差，同时也是为了支援国家建设，重采轻育，重取轻予，长期超负荷承担国家木材生产任务，消耗量超过生产量。目前采伐的林木中有相当一部分是中龄林。由于可采林木资源的枯竭，同时也由于天然林保护工程的实施，木材产量逐年调减，使那些单纯依靠林木资源的产业陷入了困境。它所呈现出的"林竭城衰"态势，主要根源在其主导产业——林木资源型产业的衰退。伊春市经济结构单一，改革发展相对滞后。传统产业比重大，新兴接续产业规模小，非公有制经济发展层次和水平较低，单一林业经济、单一全民所有制的经济格局没有从根本上改变。

6.2.3.2　阻碍伊春市转型的主要问题

（1）长期的过度采伐导致环境问题日益严重。伊春市一方面为了满足国家需求，完成国家木材生产任务；另一方面发展地方经济，长期以来过度地依赖和利用林业资源，通过粗放式资源投入来拉动经济增长，而忽视了资源的利用效率。对林业资源利用效率较低导致了大量废弃物的排放，而这些废弃物又长期得不到处理，加剧了伊春市的环境污染。这些污染也逐渐成为伊春市产业转型的所要面临的很大难题。主要表现在以下几个方面：第一，生态破坏严重。一方面由于企业长期以来采用的粗放式的生产经营方式严重地破坏了当地的自然生态；另一方面，由于企业和居民对环境保护认识不足，在思想上一时难以转变，使这种局面难以在短期内扭转。生态环境的不断恶化使伊春市的产业面临着不可持续发展的局面。第二，长期的林业开发使生态系统严重退化。森林被誉为"地球之肺"，它不仅是一种重要的资源，还是维持生态多样性的主要原因之一。它是衡量一地区生态平衡的主要指标。伊春市由于长期以来的过度采伐、重采轻育，使其森林覆盖率急剧下降，水土流失严重、生物多样性减少。尽管这期间伊春市经过多次的植树造林活动，但生态系统的恢复需要相当长的时间。第三，工业生产所带来的污染物的排放严重。由于企业思想上认识不足和技术上的缺陷，使其在生产上忽视了对资源的综合开发和利用，不能通过提高资源利用率来提高企业的生产水平，造成了严重的资源浪费，同时也排放了大量的未经处理的废水、废气和废渣。

（2）对产业生态化认识不足。首先，由于受原有体制的束缚，对像伊春市这种林业资源型城市的产业转型缺乏认识和经验，尤其是缺乏向生态化产业转型的战略眼光。其次，有关产业生态化的研究还未形成完善的理论体系，对其认识还只是停留在表面上。对于如何利用现有的技术手段解决经济发展中出现的生态问题仍然是个难题。就现在看来，政府主要是通过制定相关的法律法规、建立保护区等行政措施来缓解生态压力，而并没有意识到采取相关的经济手段和技术手段，从循环利用的角度来解决林业资源型城市发展过程中出现的生态问题。

（3）资金匮乏是制约产业转型的重要因素。伊春市要对现有产业进行生态化改造前期需要投入大量的资金。一方面是对相关技术机型升级，从而提高企业在生产过程中对资源的利用效率，减少资源浪费以及污染物的排放；另一方面还要淘汰落后产能，对现有产业结构进行整合。这些都需要投入大量的成本，然而资金匮乏就制约了伊春市产业生态化进程。因此，对于像伊春市这种林业资源型城市进行产业生态化改造，亟须解决的一个重要问题就是融资问题。

（4）管理体制落后。新中国成立以后，我国长期实行计划经济体制。虽然现在已经确立了市场经济体制，但计划经济的影响在短时间内还无法根本消除。尤其是像伊春市这种林业资源型城市，其管理体制比较落后，亟须进行改革，如注重行政手段的应用而不是经济手段的运用、缺乏有效的激励机制等。因此，伊春市对现有产业进行生态化改造的过程中要面临许多体制方面的困难。伊春市进行产业转型，必须首先对经济管理体制进行改革。既要革除与产业转型不相适应的落后体制，释放各要素活力，又要推陈出新，建立符合伊春市产业升级的制度作为保障，使伊春产业生态化改造得以顺利进行。

（5）技术水平落后。对现有产业进行技术改造是伊春进行产业转型的重要手段。通过技术改造一方面可以提高对资源的利用效率，减少资源浪费；另一方面还可以对在生产过程中产生的工业"三废"进行无害化处理。然而伊春市在对产业进行生态化改造和资源循环利用方面的技术水平还不成熟，缺乏与林业资源型城市进行产业生态化发展相适应的技术创新基础，包括国内外相关的文献研究和实践经验、与林业资源型城市产业转型的技术开发以及制定配套的法律法规等。

6.2.3.3　伊春市经济转型的潜力和优势

（1）自然条件优越。首先，矿产资源丰富。伊春市目前拥有矿产资源41种、金属矿藏20余种，已探明金属矿产矿点90余处、非金属矿产矿点140余处。其次，森林旅游资源丰富。伊春林区是黑龙江省主要的森林生态旅游区，在森林、冰雪、漂流等旅游资源方面独具特色。虽然林业资源锐减导致森工企业困境，但伊春自然资源丰富、生态环境良好。松籽、木耳、蘑菇等山特产品享誉全国；蕨菜、刺嫩芽等几十种山野菜年允采量近百万吨；伊春市药材资源在黑龙

省所占比重为 35% 左右，其中鹿茸、熊胆、麝香、獾油、林蛙油、
人参、刺五加等十分名贵。

（2）地理位置优势。伊春市位于黑龙江东北部，小兴安岭腹地，
与俄罗斯隔江相望，是松嫩平原、三江平原、东北平原和华北平原的
重要天然保护屏障。

（3）政策扶持。2005 年和 2006 年，伊春市先后被国家确立为第
一个林业资源型城市经济转型的试点城市和国有林权改革的试点城
市。2007 年 11 月，《国务院关于促进资源型城市可持续发展的若干
意见》中明确指出："中央和省级财政要进一步加大对资源枯竭城市
的一般性和专项转移支付力度。"2010 年 12 月，国家推出了《大小
兴安岭林区生态保护与经济转型（2010～2020 年）规划》，生态功能
区的经济转型上升为国家发展战略。此外，国家为促进全面协调发
展，给予资源枯竭城市一般性财力转移支付、转型项目财政贴息贷款
等一系列优惠政策。

6.2.3.4 伊春市的转型路径

伊春市在进行产业转型的过程中，要结合自身特点，因地制宜地
选择产业发展模式，健全与所选模式相配套的基础设施，并辅之以配
套的政策措施。伊春市要打造生态化产业，就必须横向和纵向地对其
产业进行改造和重组，一方面要对高能耗、高污染、高排放又没有战
略价值的企业坚决关闭；另一方面，支持能耗低、无污染的生态企业
的发展。

（1）转变经济发展方式。首先，确立以提高林业资源利用效率
为目的的生态产业发展道路。在坚持经济、社会和生态协调发展的前
提下，促进伊春市经济发展由高投入、高污染、高排放、低产出的粗
放式发展方式向低投入、低污染、低排放、高效率的集约型发展方式
转变。推动产业从分散化生产方式向集聚和标准化生产方式转变。通
过建设生态企业、生态园区来引导整个产业的转型，切实转变经济发

展方式，实现伊春市的可持续发展。其次，加强林业技术的研究和开发。技术滞后和缺乏先进的管理经验是伊春市实现产业转型的重要障碍之一。因此，伊春市在实施产业生态化过程中要加强技术开发与研究。尤其是加强生物技术的研究与开发，培育优良树种，提高树苗的抗病性和成活率。加快培育经济林带，以减少对原始森林的开采。在保护森林生态系统多样性的前提下，提高伊春市的经济效益。

（2）发展新兴产业接续传统产业。首先，以高新技术为支撑或者与之相关的产业正逐渐成为各国经济和科技发展的龙头产业，引领传统产业的升级换代和促进产业结构的均衡发展。使用高新技术能够生产高附加值、高标准的产品，满足人们日益多样化的需求。伊春市长期依赖林业资源的开发发展经济，但也受到林业的限制。以林业开发为基础的产业进行技术改造和升级的进程缓慢。伊春市一方面可以通过引进高新技术来促进传统产业的升级换代；另一方面可以直接引进新兴的高技术产业来替代夕阳产业，还可以延长产业链条，向深加工，高附加值方向发展。其次，大力发展绿色产业。发展绿色产业一方面可以促进产业结构合理调整，打造新的经济增长点；另一方面还可以通过发展绿色加工业、绿色旅游业等来改善生态环境，阻止生态环境进一步恶化。

（3）建立健全生态产业园的相关管理制度。生态产业园是进行产业生态化、发展循环经济和低碳经济的"试验田"，是产业转型的"领头羊"。一方面要健全并严格执行生态产业园区准入制度，对不符合产业园区生态要求的企业禁止入驻，对不符合要求的项目不予审批，大力引进适合伊春市经济发展且有符合要求的生态化企业进入园区；另一方面要健全并坚决遵守产业园区的管理制度，完善负面清单制度。随着生态标准的提高，对不符合要求的但还有价值的企业进行技术改造，并给予一定的补贴。对污染严重且没有改造余地的企业实行淘汰。

（4）积极筹措产业转型所需资金。由于体制原因，伊春大部分税收要上交省和中央，而留给自己的只有很小一部分。再除去转移支付和政府购买，伊春市用于产业转型的资金就更少了。因此，要推进产业生态化转型，要从多方面筹集资金。一方面要积极争取国家和省政府的支持，通过引进一些国家级和省级建设项目把部分税收返还给伊春，国家要对正在进行产业转型的城市实施政策扶持和资金扶持，适当减轻转型企业的税收负担；另一方面，积极营造良好的投资环境，吸引海内外企业投资建厂，充分利用社会资金和海外先进技术来推动产业升级和转型，利用海外先进企业来引导伊春市朝阳产业发展，打造新的经济增长极，并设立专项基金，扶持低碳产业发展。

（5）建立健全产业生态化的相关法律法规和制度。首先，依据国家环保法建立相关法规。严格规范企业在森林开采、生产销售方面的行为，从严制裁企业的乱砍滥伐行为。加强对企业工业"三废"排放、能源、水源的综合利用以及废弃物的回收利用的监测工作，提高企业的保护环境的意识。其次，出于对生态环境的保护，可以实行排污许可证制度和生态环境税收制度。对企业设立一定的排污标准，在排污标准之内，按优惠税率征收环境税，对超过排污标准的企业按累进税率征收环境税。同样，可以按照企业对环境的保护程度进行减免甚至奖励。征收环境税不仅可以提高企业的环保意识，培育企业保护环境的主动性，还可以利用税收的再分配效应，政府既可以利用这部分收入推动产业转型，也可以用于治理经济发展过程中出现的环境问题。

6.2.4 有色资源型城市——白银市产业转型模式

6.2.4.1 白银市基本情况

白银市位于黄河上游、甘肃中部，毗邻兰州，辖白银、平川两区和会宁、靖远、景泰三县，总面积2.12万平方千米，常住总人口175.72万人，其中，城镇人口62.4万人。白银市是国家"一五"时期建立起来的有色金属原材料基地之一，是新中国有色金属工业的"摇篮"、甘肃省重要的能源和化工基地。累计生产 10 种有色金属产品 607.7 万吨、原煤 13.78 亿吨，实现工业产值 2323 亿元，上缴国家利税 173.1 亿元，为国家经济社会发展做出了巨大贡献。在长期计划经济体制下，形成了大量历史欠账，随着主导铜资源的枯竭，其面临许多经济社会环境问题。

经过几十年的开采，白银市已探明的矿产资源濒临枯竭，2006 年国家发改委将白银市确定为项目支持的资源型城市，2008 年 3 月成为国家首批资源枯竭型城市。2009 年，《白银市循环经济发展规划》提出 73 项循环经济重点项目，白银市也被列为循环经济试点城市。2010 年 8 月 23 日，国家发改委发布了《关于开展首批资源枯竭城市转型评估工作的通知》，首批资源枯竭经济转型城市有 12 座，其中，白银市属于金属矿产资源型城市。

6.2.4.2　白银市转型面临的主要问题

（1）产业间比例失调。产业结构合理，有利于实现自由竞争，产业资源能够得到有效配置，区域经济发展才能协调。当前，白银市三大产业严重失调第一、第三产业比重较轻，第二产业比重过高。第二产业过高严重影响着白银市产业发展的稳定性，影响着需求的扩大，制约了白银市经济质量的提高。

（2）产业内部结构升级困难。技术创新是产业结构转型的重要条件，是提高经济发展质量的基础，是实现产业高度化发展的必然。白银市三大产业技术水平，多年来没有很大的改进。第一产业，农业发展相对落后，传统农业占主导地位，农业生产水平没有本质性的改变，没有实现农业机械化、农业现代化。农业生产率没有实现规模效应，农业生产效率较低，绿色高效农业发展停滞不前，农业的发展需要延伸产业链，挖掘农牧产资源的加工值。第二产业，资源型企业面临着生产技术水平较低的情况，设备落后，生产效率低，资源配置不合理。市场开发潜力较弱，依旧是劳动密集型的发展模式。第三产业，传统的服务业依旧占据主导地位，高层次的服务业发展相对滞后，服务业发展的动力不足，服务业的发展难以推动此区域经济快速转变，服务业的发展还不足以改善就业、繁荣经济、扩大内需。

（3）产业结构与环境保护的协调问题。产业结构单一是白银市转型的主要问题，一业独大的产业结构是产业结构不合理的主要原因。白银市需要引进高新技术，拓展产业链条，提高产业附加值，培育多元产业和资本密集型产业，形成高新技术产业、传统产业和资本密集型产业共同发展的新局面。白银市当前的产业结构依旧是对传统资源的产业的高度依赖，促进产业多元化发展是资源枯竭型城市可持续发展的必由之路。经济发展与环境保护的矛盾问题。白银市第二产业是高投入、高产出的粗放式经济发展，只是片面地追求产量，资源利用率较低，资源得不到有效配置。导致资源浪费的同时环境污染日益加剧，空气污染、居住环境恶劣等环境问题日益突出。白银市面临着经济持续增长与环境保护的双重压力。

（4）缺乏人才与创新机制。产业转型需要引进技术人才，人力资源是区域经济发展与科技创新的基础资源。完善社会保障制度，加强人才交流培训，减少人才外流，加大人才引进，提高人才总量。完善创新机制，激发创新潜力，推动区域科学技术提高。整合当前资源分散、创新机制匮乏的局面，为白银市经济发展提供创新支持。

（5）新兴产业发展滞后。从区域经济发展和产业转型的历程来看，科技创新是产业转型的基础，抓住经济发展机遇，推进区域产业结构调整优化，在国际产业分工中抢占一席之地，保持经济可持续发展。白银市当前已经逐步步入产业转型的关键阶段，在传统产业的基础上，改造提升，培育新兴产业，提高产业格局，制定在全国乃至全球产业分工长久战略。

6.2.4.3 白银市转型的潜力和优势

白银市既有资源型城市面临的共性问题，也有自身存在的特殊问题，同时，具有一定的潜力和优势，具备加快转型的要素条件。

（1）地理区位优越，交通便利快捷。白银市位于兰州、西宁、银川、西安等省会城市之间，距离省会兰州 69 千米，处在兰州"一小时经济圈"。公路、铁路、航空和黄河航运条件便利，境内有京藏高速公路纵贯全境，干线公路有国道 109 线、312 线、309 线和省道 207 线、201 线，铁路干线有包兰铁路、干武铁路，另有平川矿区铁路支线，总里程 251 千米。黄河航运建设项目正在实施。白银市到中川机场高速公路设计里程 46 千米。甘肃省实施"中心带动、两翼齐飞、组团发展、整体推进"的区域发展战略，将白银市纳入"中心"地位率先发展，为推进城市转型和加快发展带来了重大机遇。

（2）能源供应充裕，工业供水能力富足。白银市 2009 年原煤产量 1174 万吨，电厂装机容量 390 万千瓦，发电量 111.94 亿度，供电量 90.79 亿度，形成了跨省互供、北电南送的网架结构，电网输送能力优势明显。黄河流经白银市 258 千米，水能、风能、太阳能资源具有很大开发潜力。城市日供水能力 30 万吨，富余 10 万吨。

（3）土地资源充足，发展空间广阔。黄河沿岸土地宽阔平坦，刘川、兴堡子川、西格拉滩、景泰川等地尚有 80 多万亩待开发土地，中心区建设用地多为荒山荒坡。刘白高速公路和黄河交汇于白银市腹心地区，园区相互连接，空间环境开阔，区域组合条件良好，非常适宜布局大型工业项目，是甘肃省乃至西北地区重大工业项目布局的最佳区域，也是承接兰州及东部沿海发达地区产业转移的良好平台。

（4）工业基础完善，产业配套较好。经过 50 年的开发建设，白银市已发展成为集采矿、选矿、冶炼、加工、科研和内外贸于一体，铜铝铅锌金银硫等综合发展的多品种有色金属生产基地，有色金属生产能力达到 40 万吨；稀土分离加工技术处于全国领先水平。煤炭、电力、化工、建材、轻纺等工业配套发展，产业门类较多，要素条件良好，有利于集群发展。特色农畜产品丰富、质量好，加工增值空间较大。

（5）非金属资源储量可观，旅游、人力资源丰富。石膏、石灰石、陶土、凹凸棒、石英石资源储量较大。冶炼废渣堆存3.3亿吨，含有18种有色金属。旅游资源有两大品牌，景泰黄河石林被誉为"中华自然奇观"，荣列"国家地质公园"；会宁被列入全国30条红色旅游精品线路、100个红色旅游经典景区和20个红色旅游城市。白银市有16万产业工人，每年新生劳动力3万多人，劳动力成本具有明显竞争优势。

（6）转型思路清晰，创业环境良好。近年来，面对资源枯竭的严峻形势，白银市人民不等不靠，奋发进取，勇于实践，形成了以艰苦奋斗为核心的"白银精神"。白银市形成了"人人关心转型、人人支持转型、人人参与转型"的良好氛围。在经济、社会、文化和生态转型方面进行了有益的探索，取得了初步成效。国家和省的重点支持，鼓舞了白银人民加快发展的决心和信心，为城市转型奠定了良好基础。

6.2.4.4　白银市经济转型的路径选择

（1）打造服务型政府，健全服务体系，合理引导产业转型。调整有色资源的投入结构，相应地减少有色资源在工业行业的投入比例。积极引导劳动力、资本以及资源向第三产业流入。这样既有利于解决白银市产业结构偏差、工业过重、农业和第三产业过轻的问题，又有利于改善环境，打造良好的投资环境。

（2）加大科研投入，提高技术创新能力，加快产业内部调整。在现有基础上打造具有鲜明特色现代化农业。加强农业技术研究与推广，推动农业产业向深加工、高附加值方向发展。要继续完善农田水利设施建设，提高农业机械化水平。要健全农畜疾病预防监测制度，加强良种培育，提高农畜产品质量。推动畜牧业从分散化养殖向专业化、规模化养殖转变。第二产业主要是提高产品的科技含量。在保持有色金属、稀土等传统产业优势，提高产品质量的同时，加快新产品的研发，以新产品促进新行业的产生和发展。第三产业则主要是利用网络等工具实现产业信息化，加快信息流动，节约时间与资金成本。

（3）坚持改造提升传统产业和培育发展接续产业相结合。发挥现有产业基础优势，以高新技术为统领，一手抓传统产业改造提升，一手抓接续产业培育发展；一手抓矿产业，一手抓非矿产业，不断整合和完备产业体系，有效提升产业水平，不断扩宽产业领域。

（4）提升环境质量。环境治理要以防为主，治为辅，推进环保工作科学化、规范化、常态化。第一，加强防治工作，加强重点污染源治理，加大生态保护，增加湿地面积，做好已存在的环境治理问题。第二，制定环境保护规划，加大规章制度，对于部分污染严重的企业实行强制性改造，强化环境管理工作。第三，贯彻可持续发展经济理念，以政府领导为导向，企业自律为中心，群众参与为辅助，企业、政府、群众联动工作，共同完成区域经济保护工作。

（5）加强人才引进工作力度。人才是科技创新的原动力，科技创新是产业提升的保障，人才资源对于区域转型是至关重要的。以人才引进为战略，人才培养为基础，激励学习为辅助，完成区域人才体系建设，吸引人才集聚，加快产业科技创新，为白银市经济转型提供人才与科技实力。一方面，完善人才社会保障体系，创建科技成果培训基地，加大资金投入，为人才和创新提供物质保障；另一方面，长久规划，创建大型科研结构的同时，完善科技成果保障体系。

6.3　资源型城市产业转型模式选择

6.3.1　产业转型模式选择原则

（1）可持续发展原则

要始终坚持经济效益、社会效益和环境效益相统一，既要着眼于加快对生产率水平高和扩张能力强产业的发展，提高劳动生产率和资源配置效益，又要充分兼顾短期政策目标和长远利益要求，正确处理好经济增长与人口、就业、资源、环境保护的关系，从体制上建立起有助于工业可持续发展的合理结构。

（2）城市工业化与农村工业化并重原则

新型工业化要求正确处理好工业与农业、城市与农村的关系，将农业发展与工业发展紧密结合起来。遵循城市与农村"产业—市场—城镇"的经济发展规律，形成一种良性互动发展，城市要充分利用资金、技术等突出优势推进农业产业化经营，发挥辐射、带动作用，推进农业产业化经营，提高农村工业及农产品的科技含量，实现剩余劳动力向工业和城镇转移。同时，以城镇为依托，充分利用集聚经济，有效参与市场竞争，逐步将乡镇工业向城镇地区集中。

（3）比较优势与竞争优势并举原则

国家和地区综合实力的竞争是现在竞争的核心，一国或区域的竞争优势决定着竞争力的大小。强调竞争优势，是在比较优势的基础上发挥竞争优势并将其升华，而并非舍弃比较优势。在工业化过程中，随着科技的发展，产业对物质要素投入的依赖性逐渐减少，知识和创造力的作用愈加突出，如果仅仅将视角停留在比较优势的范围上显然是不够的，这要求一国或区域融合比较优势和竞争优势的思想认真研究资源的利用方式，积极推进创新。发展方向和重点也应根据竞争态势适时进行调整，以促进产业升级和经济转型，形成竞争力。因此，在发展工业和优化产业结构中，比较优势与竞争优势必须相辅相成、双措并举。

（4）产业集聚原则

产业集聚是现阶段产业竞争力的重要来源和集中体现，一种重要的产业发展形态，是在市场经济条件下工业化进行到一定阶段后的必然产物，能够形成一种集聚竞争力。产业集聚原则要求以市场为导向，在产业布局与结构调整中强化专业化分工与协作，突出产业集聚特色，形成专业化优势；同时，通过产业链的延伸，加强产业的带动性，提高产业的关联度，制定并实施促进企业集聚、资源共享、整体优化的政策方针，实现产业化优势。产业集聚原则要求要配合工业园区的建设，最终形成一套完整的产业链经济和产业配套体系，实现工业结构的优化升级。产业集聚原则还要求政府履行职能着力提升生产要素质量，有效加强产业集聚，提供完善的公共服务，创造一个开放、公平的竞争市场环境，而并不是所谓行政办法认为的"造市"。

（5）技术进步原则

坚持自主创新与技术引进相结合、硬件与软件同步改造，联合工业共性、关键、前瞻性技术的开发。加强企业管理信息化、营销网络建设，增加必要的投入加快培养科技人才队伍，提高企业经营管理水平。要加快用高新技术和先进适用技术改造提升传统产业，加大对具有广阔市场需求的传统产业的改造力度，优化产品和技术结构，提高劳动生产率，发挥规模经济优势，提高工艺和技术装备水平，增强企业快速反应能力。作为促进产业结构优化的主要手段，不搞填平补齐和以扩大产量为主要目的一般性改造，建立健全区域性技术创新体系，始终把技术进步、增强企业技术创新能力。

（6）培育大企业与支持中小企业发展相结合原则

从战略高度角度出发，在重点领域、行业大力培育有能力的大企业参与国内外激烈的竞争，同时要着眼于扩大就业环境，增强经济活力，促进经济、社会的协调发展。另外，中小企业的发展也需大力扶持，逐步生成一批专业性强、技术先进、产品市场占有率高的"小型巨人"企业，形成以大带小、以小促大、专业化分工明确、产业集中度高，与大、中、小企业相互协作配套的合理组织体系，展现经济增长"极点"与"支点"的合理布局，与优势互补关系相得益彰。

（7）工业化与城市化、信息化相结合原则

产业结构调整要从产业选择、工业布局多功能等方面加速推进城市化，以城市化的方式加快转变增长方式；在城市化的推进过程中，规划方向、重点项目、实施方式等方面要与工业化相适应，以达到城市化与工业化的良性互动，实现现代化经济发展的目的。

信息化对工业化的发展方向起主导作用，是推进工业化的重要工具和手段，逐渐使工业化方向朝着高附加价值发展。根据工业化与信息化相结合的原则，要求在工业化进程中，用信息技术为代表的高新技术改造提升传统产业，推动企业生产过程自动化、管理网络化、营销电子商务化，以信息化带动工业化，以工业化促进信息化，实现工业经济的跨越式发展。

（8）市场配置资源的基础性作用与政府宏观调控相结合原则

大力推进制度创新，充分展现市场机制的作用，促进生产要素自由流动，提高资源配置效益。政府要主动迎合经济体制转变，顺应经济发展的规律，强调宏观调控以产业政策为导向替代地区性优惠政策，加强运用经济、法律、信息及行政等综合手段的影响作用，推动调整工业结构的步伐，加快产业升级的速度。

6.3.2 适时突破路径依赖

资源型城市发展的阶段性有别于资源型产业，并不是一成不变的。在资源型产业由盛转衰时，如果能够在资源型产业由盛转衰阶段适时进行结构调整，培育出新的经济增长点，资源型城市的发展阶段就可能变成成长阶段、稳步发展阶段、过渡阶段和再生阶段等四个阶段，随后进入下一周期进行循环。如图 6 – 2 所示，如果在城市发展到 A 点时适时进行产业调整，培育新的增长点，那么城市经济的发展周期将进入下一轮。就资源型城市产业转型角度来说，资源开采阶段和资源规模两个方面的因素决定着不同的转型时机对应着不同的转型模式。

在前面曾经分析过，资源型城市的资源开发阶段一般历经四个时期，即发现期、成长期、稳产期和衰退期。以美国洛杉矶为例，就是

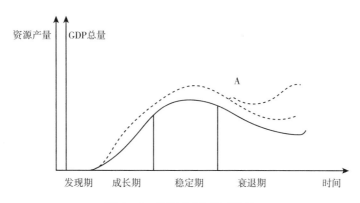

图 6 - 2　资源/城市发展趋势

在资源开发的成长期到稳定期这个阶段，向复合产业实施转型的；衰退期表现在产量不断下降的同时成本大幅度上升，在这一阶段资源产业开始急速萎靡，资源开采处于稳定期至衰退期的状态是我国大多数资源型城市的共性。在稳定期资源开采成本较低，产量保持增长或基本稳定，这时适宜发展下游深加工业；而对于资源衰退期城市，资源储备不足，产量锐减，开采成本大幅增加等劣势突出，缺乏原料来源和竞争优势来发展下游产业，此时就不宜选择产业延伸模式。

资源加工业一般都有经济规模的要求，无形之中就为较小的油田发展石油炼化工业设置了天然障碍，例如，炼油装置的经济规模为500 万吨/年，如果没有达到已定经济规模，其发展则会受到阻滞，只有符合标准的较大资源区才能为下游产业提供充足的原料来源。此外，资源开发的规模也影响着产业延伸模式。在资源开采的衰退期，较小资源的区产量下降速度比较快，阻碍了下游产业的建立；而较大资源区即使处在衰退期，也能维持一定的产量，这也给下游产业准备了继续发展及转型的时间。

6.3.3　选择综合政策调整产业结构

资源型城市产业转型既是一项复杂的系统工程，又是一个长期性的历史任务，为了使转型在法治的轨道上顺利进行，必须制订详尽的规划，并通过在社会上的宣传达成共识。任何一个资源型城市结构转型都应在本地区自然地理条件、经济基础及今后产业空间布局总体战略的综合分析基础上进行。针对不同城市的比较优势，按照中央、地方现有基础和可能制定的战略规划，提出推动资源型城市可持续发展的思路。

在具体实施层面上应尝试以总体战略规划为基础提出问题关键，拟订战略重点，并根据其要求，实施各项政策措施。充分了解资源产业的发展的含义，即作为资源型城市可持续发展的一个方面，避免将资源型产业转型误认为资源型城市产业转型。

如图6-3所示，基于我国资源型城市产业转型的难点将战略重点归纳为以下几个方面：一是加强资源产业区和城区的协调发展，推进两者发展一体化，重塑城市功能，这是实现城市可持续发展的基础保障；二是正确选择项目，发展接续产业，转变由单一型资源型城市向综合化城市发展的方向，并随着接续产业的发展将劳动力问题解决，这是城市产业成功转型的关键，脱离接续产业的发展资源型城市的转型也将是空谈；三是城市可持续发展的立足点，综合治理生态环境；四是筹集资金，无论上述三方面的哪一方面都离不开一定资金的支持。

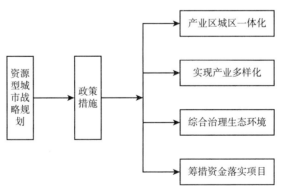

图6-3　资源型城市战略规划

6.4 本章小结

　　本章重点研究了资源型城市产业转型模式及路径，从市场为主导的产业转型、政府为主导产业转型、自由放任式、产业延伸及更新模式 5 大方面对国外资源型城市产业转型的主要模式做出了详细分析，为实现国内外资源型城市产业转型的对比更加鲜明化，选取大庆、阜新、伊春、白银 4 个城市分别作为国内石油型、煤炭型、林业型、有色资源型不同方面的典型资源型城市，进行了探讨分析。依据合理的产业转型模式选择原则，提出了适时突破资源依赖、发挥政府优势、综合调整的相关产业选择路径。

第7章　资源型城市产业转型政策建议

7.1　资源型城市产业转型发展的对策框架

通过前面章节的分析，可以发现资源禀赋、人力资本结构、产业现存结构及调整方向、资本配置水平、技术创新能力、对外经济开放度等因素成为制约资源型城市产业转型成效的主要短板因素。所以推动资源型城市产业结构调整走向成功化道路的整体规划为：创建资源开发与利用监管与资本形成机制，降低资源的浪费，提高资源收入，用以强化资源型城市产业转型过程中资金保障力度，利用强化城市内外部经济流通水平、拓宽招商引资渠道、营造良好的投资环境，进而加强资源型城市对人才、项目、产业及技术的吸引力，促进产业结构的优化升级，推动其以低成本方式实现城市转型。资源型城市产业转型发展的对策建议提出的整体流程如图 7-1 所示。

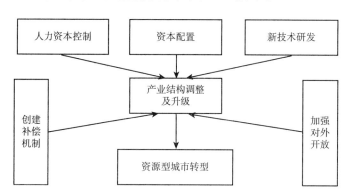

图 7-1　资源型城市产业转型对策模型

在资源型城市产业转型对策提出的总体思路中，关键环节当属产业结构调整及升级，如果缺乏此环节的支撑作用则无法实现资源型城市转型相关建议的实施。转型的过程需要充分发挥人的主观能动性，特别是高技术人才、管理人才等，以此为基石，才能为产业结构调整及升级添加足够的动力源。新技术的研发则以技术的进步、技术的创新与应用为主要目的，并有机转化为资源型城市转型的内在动力，进而构建起转型过程中的技术、制度以及市场等多方面、多层次的创新体系，对新兴产业进行有目标、有方向的培育与扶持，也只有通过此途径，资源型城市的发展才能对产业结构进行科学优化，解决过去在产业结构单一方面的局限性问题。此外，实现资源的有机整合及配置，通过系列合理措施将资源优势不断转化为资金优势，是构建及完善资源、生态补偿机制的重要保障，同时也是提升对高技术、管理人才的吸引力的重要举措，以及促进新技术的研发、强化地区新兴产业扶持力度、消除产业调整过程中矛盾的助推剂。而从另外一个角度来讲，自然资源使用及生态补偿制度的完善度也直接影响资源优势与资金优势间过渡的顺利与否，以及资源收益能否控制在资源型城市范围内，为资源型城市的转型与可持续发展提供有力保障。

7.2 强化新兴产业扶持力度

资源型城市要实现经济发展的转型必须依靠产业的科学转型，其中，产业转型的重要方向之一就是对新兴产业、制造业等进行大力扶持，通过确定适合地区发展的新增长点，采取"量增带动产业高度提升"的方式实现产业结构的深度优化，突出工业的主体地位，优化自主创新模式，适时调整品牌发展战略，对产业结构进行优化升级，将战略新兴产业、高新技术产业摆在资源型城市转型过程中重要地位。

7.2.1 实现产业联动发展

现阶段资源型城市存在较多的共性问题：经济结构低度化、产业结构单一等，特别是以能源化工等为代表的下游产业发展滞后，以及制造业比重较低等。因此，在资源开发与使用的过程中，必须遵循资源开发有限性原则，并尽可能地实现初级资源产品量化控制及就地转化，充分重视资源就地转化率，把资源的深加工产业置于优先统筹、优先发展的位置，提升资源的深加工水平，增加其附加值。将现有资源进行有机整合，发挥优势资源，提升产业链条的延伸度及产品的加工深度，强化相关产业间的联动发展，把市场需求度高、发展潜力强、带动能力突出的产业作为后期发展的主导产业。通过对当前产业进行网络化构建，形成产业关联网，采取互动发展的方式提升城市产业的整体竞争力水平。上述过程的实现不仅依靠于产业的有机改造，还需要将其融入产业转型的过程之中，降低资源的开采强调、转变以高强度消耗资源的方式来推动经济发展的粗放式增长模式，深入贯彻循环经济与可持续发展的理念，实现城市经济社会快速发展与资源开发、生态保护的协调发展。

7.2.2 发展新兴产业

资源型城市产业结构调整需要打破原有的产业部署，将战略性新兴产业作为其转变经济发展方式的重要途径。在传统的经济发展方式中，资源型城市多依靠于资源的高开发、高消耗，资金及物质的高投入等方式，而随着人力资本、原材料成本的上升，以及生态环境的约束力加强，传统粗放型的经济发展方式必不能长期发挥效用。因此，对传统经济的发展模式进行改造，不断推动产业机构的优化与升级，是其必经之路。作为知识密集度、技术密集度和人才密集度较高的高科技产业，战略性新兴产业不仅能够实现资源型城市在发展相关产业中提升产品的附加值，而且是发展低碳经济、提升经济发展质量的主要力量之一。

城市所拥有的资源禀赋、市场发展水平，以及产业基础等是资源型城市推动经济发展的基础，构建起清洁、高效和可持续发展的能源开发使用体系，促使新能源产业得到快速发展。此外，推动新材料产业也是实现经济可持续发展的重要方面，采用新材料取代旧的原材料，可促进能源的解约与使用效率，符合经济社会与生态环境的协调发展要求。完成上述过程离不开信息化的建设，将信息化建设上升为资源型城市长期发展的重要战略组成部分，并与工业化紧密结合。根据自身的实际情况，资源型城市要结合区域优势及特色，制定针对性强、选择性多的战略新兴产业进行重点发展。

7.2.3　扶持服务业发展

伴随城市化进程的加深，服务业的发展也得到了促进，两者间存在相辅相成的关系。以城市社会分工为手段，推动信息咨询、金融、中介服务业以及其他服务业的发展，特别是以生产性服务业、生活性服务业为代表的诸多能够推进资源型城市产业结构调整的相关产业。通过系列产业结构优化升级有效举措的实施，满足富余劳动力的就业，以及日益增长的人民群众物质、精神文化的需求，采取互惠互利、拓宽市场准入渠道、对外经济开发度提升的优惠政策，强化政府支持力度及行业管理规划水平，对生产线服务业进行重点扶持，如物流、法律、金融、信息、保险、咨询服务等。传统服务业是城市发展的根基所在，需要在原有资源的基础上，采取改进、兼并等手段将其生产效率、服务水平进行系统改善升级，加快迈向现代服务业的步伐，此类产业与人民的生活紧密相连，如旅游、文化、商贸、餐饮和交通运输等行业。

以推动资源型城市产业转型为中心，加快产业融合、产业专业分工与细化的速度，将生产性服务业推向更高层次，进而充分体现出服务水平提升、科技创新能力加强、技术研发能力提高的优势，不断提升资源型城市内部良性竞争及其综合竞争力。营造良好的城市金融市场环境也是促进产业多元化发展的重要保障措施，将金融市场的组织、产品及服务领域的秩序有序化、模式创新化、融资结构规范化。此外，需要特别注重第三方物流体系建设，通过对现有的信息、物质及资金等资源进行系统性整合，深入挖掘潜在的服务功能，搭建起相对完善的物流服务网络。而城市的配送体系建设是实现上述环境的重要环节，依托综合交通运输网络的构建，配套其基础设施，推动联动配送水平的提升。以公众、政府、企业多方信息资源的多层次、多渠道汇集，实现产业信息、产品信息、市场信息的科学开发，以网络增值服务的合理设置，打造起制造业、物流业联动发展的有机平台，形成质量高、竞争秩序好、成本低廉的发展模式，切实提升资源型城市产业规模化程度。

以发展生活性服务业为主导方向，制定合理性与针对性强的服务标准，拉动服务需求，丰富服务供给，通过服务质量的提升，将日益增长的物质与精神需求同经济的发展相协调。市场流通环节通常包括体系建设、基础设施配置、消费途径选择、新型流通业态发展等，利用总代理、特许经营、网络销售等现代化的电子商务模式促进现代化经营模式的创建。此外，还要注重以资源型城市当地的自然资源、人文环境等为代表的基础资源，通过基础设施的建设，对休闲旅游业进行重点扶持，将科技创新、信息建设成果转化为产业发展的绩效提升之中，促使公共服务主体形成多元化共存的局面，采取培育部分有竞争力的企业，通过以点带面、以局部带动全局的方式，提升资源型城市总体竞争水平。

7.3 提高资本利用效率

资源型城市在计划经济时期得到了快速发展，主要原因在于此阶段的重工业得到了国家的高度重视，制定了系列重工业发展战略政策，在很大程度上推动了工业体系的快速形成。同时，资源型初级产品被使用的过程中的价格受到政府的压制,且时间较长,致使资源型企业的资本累积状况不理想,而且资金利税率过低,国家的资金投入成为资源型城市经济发展的主要支柱。市场经济体制的构建及投资、融资环境转变的加深,单纯依靠国家投资量的缩减,投资主体呈现多元化,因此,资源型城市无法继续走之前的道路,发展动力不断降低。

通过对资源型城市的收入来源进行调查,可发现政府的财政补贴、国家的资金投入、经营活动3个部分构成了其主要来源。资源型产业效益作为资源型城市的主体,多数情况下则会出现效益低下、资本累积不足的问题,致使其自身的可持续发展能力严重不足。资源的滥开、滥用以及在生态环境方面行之有效的措施较为匮乏,造成资源浪费及生态恶化问题日益突出,同时,环境的恶化致使对外部的吸引力下降,引资工作举步维艰。相比其他类型城市,资源型城市的主要问题多体现在投融资渠道过于狭窄、经济持续发展能力不强的问题。资源型城市在出现产业衰退的现象的同时,大量的自然、社会问题也会出现在产业转型的过程中,且迫切需要解决。

鉴于此,科学合理地解决上述问题可决定资源型城市能否顺利地进行产业转型,自身力量的薄弱及结构的单一化,致使资源型城市不可能在实质上满足产业转型的要求,此问题可直观地反映在对国家及各级政府的相关政策及投资的需求度等方面。特别是在政策的制定与实施层面上,资源的开发补偿机制、生态保护补偿机制、资源收入及再分配、再投入机制等,而在投资方面,要充分考虑到替代产业的扶持与发展需求,构建起完善的市场资金支持体系,实现对资源衰退产业进行替代时的资金投入保障。此外,要进一步加强对外经济开发程度,构建起全面发展的创新体制机制,提升招商引资水平,对人力资本、技术创新,以及其他地区的产业转移承接工作做出积极响应,以满足资源型城市做好后期的新型产业扶持而对人力、物资、技术等方面的需求。

7.3.1　合理分配资源收益

自然资源一直以来都是社会经济落实可持续发展观的基石所在，在资源的开发利用过程中，受到利益驱动的长期影响，致使资源的开发者之间、使用者之间，以及开发者与使用者间都存在利益分配的诸多矛盾，利益分配的失衡使资源型城市的生态问题日益突出，并对当地及国家经济的发展起到了较大的负面作用。根据系统化原则构建起自然资源的定价机制是资源型城市中落实可持续发展的关键，实现资源收益与责任在资源型企业、国家及各级政府、其他相关利益者间进行有机分配。

现阶段国内涉及资源开发利益分配的相关体制还不够健全，这方面的问题主要体现于三个方面：一是当前的资源生态补偿机制不健全，且资源税税率过低，特别是在资源型城市当地经济发展与资源型企业资源开发的关联效应不明显背景下，常因为资源开发与使用过程中的环保意识较弱而造成生态质量的下降。二是管理机制不健全，特别是资源型企业内部的管理机制。以国内的矿产资源管理体制为例，对于隶属于国家的大型矿产资源，资源型城市的政府、群众对其支配、经营管理、收益的权限具有较大的限制性，而这些限制性直接导致了资源型城市对资源开采的活动能力被排除在外，进而产生了资源型企业与个人资源开发商之间存在了较多的分歧，掠夺性的开采方式造成体制之中存在较多矛盾。三是地域间的差异性及上、下游企业间的分离性致使税收和税源相分离。多数情况下实施的是公司总部对税款进行统一纳税，各个所属子公司的税收转移至公司总部，这也导致大量的税收从资源型城市流向了外部区域，分支机构间所采用的内部交易方式也使初级资源产品价格被大幅度的压低，资源型城市的资源开发的效益也被削减。当前的资源开发、收益分配等机制在一定程度上影响了利益分配的平衡，阻碍了资源型城市的长期协调性发展。

　　资源共享机制主要是指将产权作为重要纽带，各相关利益主体采取共同参与、共同开发的方式，实现对资源开发的利益进行合理的规划分配，降低出现滥开、滥用，生态环境遭受严重破坏，甚至掠夺式开发的资源开发非共享状态出现概率，避免所处资源型城市的居民却不能在资源开发与使用的过程中获得应有的收益，依据资源型城市所属类型、所属时期的不同，对收益主体间的利益分配比例进行科学分配，拓展产业链的长度，提升资本的累积，实现资源型城市经济的可持续发展。通常认为资源共享机制包括资源产权分解制度、开发企业运行共享制度、资源开发收益分享制度、资源所在地补偿制度、资源开发收益再投入制度和资源开发企业对接制度。其中，资源产权分解制度是用法律明确界定资源产权分配与归属，以保证与资源相关的各利益主体在资源产权中所占比例合理化并获取相应收益的制度。而在资源开发与利用的过程中，收益的主体主要包括中央政府、资源所在地的地方政府、资源开发企业以及资源所在地居民等。要满足这些收益主体在资源开发过程中的收益需求，则需要对资源收益分配机制进行积极性的探索，通过对资源的共享，提升资源型城市居民的收益，促使当地政府、居民等都能够对新型或潜力产业的挖掘、人力资本等提供一定的资金投入，也只有这样，资源型城市经济的可持续发展能力才能够得到提升。

　　在资源的开采过程中，开采所造成的环境污染、生态质量下降等负面效应多是由资源型城市当地政府及居民所承担。一方面，在明确利益主体的情况下，可将资源产权按照一定的比例在各个利益主体间进行合理分配。此举措不仅能够防止部分企业对资源开发权进行长期垄断，也能够实现利益的均衡分配，使当地居民、政府及企业获得相关收益。另一方面，利益相关主体可根据自身的收益需求，结合所拥有的资源产权大小，实施股份制开发模式，形成多元化的资源开发公司的经营方式，并借助此种方式缓解或消除资源非共享状态下资源型城市政府、相关企业及居民间的诸多矛盾，提升利益主体对资源开发与治理、生态保护的积极性。

另外，资源型产业一般被归为初级产业行列之中，而经过初级加工的资源多数被销往外部地区（资源型城市以外），导致资源使用过程中的产业带动作用无法有效发挥，资源型城市居民的就业、收入等水平无法得到实质性的提升。这种"非均衡分配"背景下的造成资源型城市所在地区人民的收入较低、而人均 GDP 较高问题的出现，消费水平过低也严重影响了市场需求，生态遭破坏、资源财富被流失等一系列问题随之产生。所以初级资源产品的价格形成机制的合理构建具有较强的必要性，以调节租金收益的方式实现资源收益在各个相关利益主体间进行科学分配，杜绝租金收益的不均衡而造成资源部门及相关产业发展受到抑制。

资源开发收益分享制则是在明确各个相关利益主体之间的资源产权分配比例情况下，分享其资源开发过程中所取得的收益的制度。此制度的制定与实施一方面能够强化资源开发的过程中的资源型城市当地政府、企业及居民可取得收益的保障力度，降低开发过程中的短期行为出现的概率；另一方面也可减少资源滥开、滥用问题的产生，有助于改善当地生态环境及实现资源的可持续利用。资源开发收益分享制度的有效落实是需要以明晰利益主体所拥有的资源产权比例为基础。从现阶段的资源开发与经营方式、效果来看，多数的资源收益被政府、资源型企业所获得，虽然其中也有部分是以私人、民营经济的方式对资源进行开发与使用，并取得了大量的收益，但是资源型城市地区居民则成为资源开发过程造成的环境破坏、生态污染主要承担者，同时，却得不到或者得到了较少的补偿，进而致使居民的收入参差不齐，差距性较大的收入激化了社会矛盾。因此，进一步构建与完善资源收益分享机制则成为确保资源型城市后期发展的重点保障之一。

7.3.2　创建产业联动发展模式

资源的可持续发展需要构建起循环式的收益模式，以物质及人力资本为主要方向，将从自然资源中取得各种收益进行合理转化，确保在资源的开发与消耗过程中，资源型城市的总资本保持稳定。经济学家 Dasgupta 和 Heal 等人对于自然资源是否是限制经济增长的主流因素都持有否定态度，认为资本存量在保持稳定的情况下，当自然资本、人力资本、物质资本能够实现有效替代时，随着时间的推移，经济则可呈现持续增长的趋势，即如果将资源型城市的总资本划分为 3 种形式：自然资本 C_n、物质资本 C_p、人力资本 C_h，则当 $\sum C_i(i = n,p,h)$ 一定时，资源型城市则具备实现可持续发展潜力。对于资源型城市在实施可持续发展模式过程中各种资本间的关系，可通过图 7 - 2 进行表示。

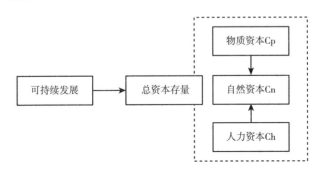

图 7 - 2　资源型城市资本间关系

现阶段的国民经济核算体系是以名义 GDP 为基础，此体系虽然实现了经济的定量评价，但是忽视了自然资产损失、资源开发过程中导致的生态环境破坏及水土流失等问题，资源的过度开采部分、能源消费取得的收益等都是以附加值增加的方式视为国民经济增量组成部分，这就导致了 GDP 总量被夸大化。此总量在一定程度上可以说是以破坏生态环境、资源急剧消耗为代价，并严重损坏了居民的生态利益。例如，大庆市 2003～2007 年的真实储蓄率分别 73.9%、76.2%、81.1%、76.8%、81.6%。2003～2007 年，大庆市 GDP 年均增 12.8%，绿色 GDP 年均增长 13.3%，真实储蓄年均增长 15.7%。从数字上来看，绿色 GDP 比 GDP 要少近 1/6，真实储蓄比绿色 GDP 略少，以 2007 年为例，绿色 GDP 比 GDP 减少 282 亿元，真实储蓄比绿色 GDP 减少 54 亿元。资源型城市在进行国民经济核算时，可根据实际需求，对 GDP 核算方法进行补充修正，以体现资源开发与利用对经济增长和居民生活带来的多重影响。

把通过开采自然资源作为主要途径来取得经济利益，并将经济利益转化为物质、人力资本的相关制度被称为资源开发收益再投入制度。此类制度的目的在于减少通过资源开发取得的收益外流化，将取得的部分收益作为预留资本用以支撑资源型城市在挖掘潜力产业、产业结构调整、生态环境保护体系建设、人力资源优化等方面的需求。依托于资源开发收益再投入制度可推动资源开发与利用技术的创新，实现资源型城市建立起更加符合生态发展要求的经济效益、环境效益和社会效益，将多种效益动态联接，形成互动发展式的协调之路。此外，以资源的开发为主线，利用产业结构升级的功效将上、下游相关企业紧密结合起来，通过采取政府补贴、资源开发租金等措施，培育出系列符合资源型城市发展需求的新兴其他相关产业。资源型城市当地政府及当地资源型企业在资源开采过程中取得的收益需要合理规划及分配，特别是政府的税收支配体系应该作出科学的规划用于资源开发基础设施建设和人力资本优化投资中，对衰退型产业进行挖掘潜力产业及培育新兴产业，避免"资源诅咒"发生，支持以高新技术产业、制造业领域的技术创新模式等的应用，多渠道、多层次的构建起科学合理的经济体系，进而推动资源型城市摆脱单一的发展模式，实现产业的接替及结构升级，推动资源型城市经济又好又快的发展。

7.3.3 建立资源预算稳定基金

按照基金的持续程度进行划分，可将资源基金分为储蓄型基金和稳定型基金。其中，储蓄型基金是以提供良好的资源后期保障为主要目的，防止面临资源枯竭时后代无法满足日常需求。稳定型基金是以维护政府预算在经济的长期发展过程中能够保持相对稳定局面为目的，此类基金在俄罗斯、委内瑞拉等地区较为普遍。

无论是稳定型基金还是储蓄型基金，虽然基金的主要目的存在一定的差异性，但是最终都要归结于经济的可持续发展及人民日常生活的需求上，在资源存在不可再生性及资源价格的不确定性变动情况下，能够实现资源型城市社会及经济的稳定发展。根据国内外众多资源型城市发展及转型经验可知，资源型企业在资源的开发与使用过程中，都难以单独依靠市场调节作用完成生存的需求，因此，此阶段需要各级政府给予较大的支持，以制定相关政策进行引导的方式带动产业的转型，避免"矿竭城衰"问题的出现。而在这些系列政策之中，关于资源开发进行补偿方面的基金设立可缓解或者解决资源型城市在后期发展、产业结构调整及转型过程中出现的社会经济矛盾，提供强有力的资金保障。所以政府在资源型城市转型财政的支持方面，可学习借鉴国外的相关先进经验，即设置专项的"资源基金"。以稳定经济发展为前提，以政府收支预算为突破口，设置科学合理的资源价格 P_a。在国际市场价格 P_b 变动的过程中，适时作出调整：当 $P_a > P_b$ 时，则将基金中的预防性增加部分转化为预算支出；当 $P_a < P_b$ 时，则把部分收入基金转为政府预算，进而稳定预算支出。从此可看出，建立资源基金可在很大程度上具有稳定市场的功效。

国际上很多国家把预算稳定基金视为稳定市场经济的"蓄水池"，通过相关基金的设定，稳定市场经济的波动，推动经济的平稳发展。以上基金的设置固然重要，但是其来源渠道也需要进一步拓宽。一方面可从某些特定的收入中按比例进行提取，另一方面也可通过税收收入等一般性质的基金中进行收取。这需要把一般性的基金盈余部分转移到预算稳定基金以及从一般性基金中拨款等。而资源型城市在由兴起及后期逐步发展的过程中（衰退期前），可通过利用资源开发的累积效应，将资金、技术及人才等进行科学储备，并同时引导潜力产业的正确发展，特别是对于具有较大发展前景的非资源型产业，降低对当前资源高度开发与消耗模式的依赖程度，为后期实现产业转型做好准备。

7.3.4　强化资金支持力度

国内的市场经济运行的本质可以视为是以资金作为资金作为导向体系，随着金融行业的发展，人力资本的投入量也随之加大，这点在受到资金约束的资源型地区表现得特别明显，其研发水平不断得到提升，经济制度得到优化补充，而对外部商业投资吸引力的加强及制度环境的优化，促使了储蓄的累积量上升，资金的来源渠道得到了拓展。研发速率的提升则拉动了投资水平的提升，这在储蓄向投资转化方面表现得较为明显，进而削弱了资源的硬约束力，避免了"资源诅咒"现象的产生，推动了资源型城市经济的可持续发展。

相比国外资源型城市经济的发展，国内资源型城市经济状况运行情况总体较差，具体可表现在两个方面：（1）投资回报率通常较低；（2）投资风险较大。受此影响，金融资本一般会选择逃避，认为在资源型城市进行投资活动得不到理想的回报。而解决上述问题的途径也可划分为两步：（1）政府可给予金融等机构一定的政策支持，对于投资于资源型城市的金融机构采取利益方面的补偿措施及政策方面的倾斜，进而降低金融机构的投资风险，提高其保障度，但是需要明确的是此类倾斜政策的制定与实施必须紧密结合资源型城市的实际特点进行。（2）金融机构需要进一步放下包袱，拓宽思想，以科学的预测方法对资源型城市中的企业发展前景、发展潜力进行动态预判，不可一味地关注于资源型城市在进行产业转型时出现的问题，否则易使问题扩大化。资金投入是资源型城市进行产业结构调整的重要支撑力量，而资金投入的确保度是建立在较为完善的金融体系、有效的金融工具及科学的金融手段前提下的，因此，资源型城市在推动产业转型的过程中，首要解决的问题则是将资源型城市金融支持体系构建完善。

政策性银行主要指多由政府创立、参股或保证的，不以盈利为目的，专门为贯彻、配合政府社会经济政策或意图，在特定的业务领域内，直接或间接地从事政策性融资活动，充当政府发展经济、促进社会进步、进行宏观经济管理工具的金融机构。此类银行是资源型城市发展潜力产业的重要助推剂之一，且在保障自身具备后期良好运营能力的基础上，以市场化的管理模式以及借助政府的支持是其进行市场运作的主要方式。政策性银行面对资源型城市进行产业转型的过程中，所给予的政策性金融支持主要涉及了基础设备的购置与改进、人力资源投资、高新技术的研发、环境及生态保护等。但是鉴于国内资源型城市的经济流通渠道的狭窄化，像政策性银行这类政策性金融机构所能够提供的融资渠道受到严重的限制。所以解决筹资渠道过窄、推动资金来源走向多元化发展的难度较大则成为首要问题。而这不仅需要财政等相关部门给予有效的担保，而且也需建立起完善的贷款利息补贴制度、资本金补充制度等。可在参照国内外相关银行对资本充足率的规定，对银行资本金进行定期而有序的补充，根据实际情况，开设以较低的利息实施贷款的方式，对于具有高风险性的一些项目可提供一定的财政补贴。

其次，商业银行作为资源型城市发展潜力产业进行转型支撑体系中的重要组成部分，需要根据转型时期的不同，可做出适时调整：（1）根据资源型城市的实际情况，给予当地所属商业银行改进相关政策的权力，依据对象的不同、地区的不同，实施不同的运营模式，提供给基层商业银行进一步细化给金融服务的便利条件。（2）将政府的财政补贴政策与商业银行的信贷发放规定进行有机协调，提高两者的契合程度，创建新的贷款方式以满足资源型城市产业转型的需要。

7.4 推动技术进步

技术进步是提高社会生产效率和发展高层次产业结构的关键，是经济增长的主要因素。资源型城市必须依托提高城市的创新能力实现产业转型，依靠科技创新和技术进步完成产业化转型。为提高创新能力，资源型城市应立足于以下几个方面。

7.4.1 充分发挥政府的组织作用

政府应通过财政补贴、集中采购等方式发挥其在技术创新中的组织作用，为创新产业的发展奠定良好的外部基础。政府公共投资应倾向于大耗资、高风险、长周期、短期低回报的基础学科及关键技术领域。同时，政府将投资和产业政策方面向创新技术和产业倾斜，积极创造良好的区域创新环境，扩大研发技术的投入规模，通过持续不断对创新进行诱导和激励，以强有力的技术支撑，加快形成资源型城市新的技术、产业和竞争优势，提升城市经济结构的弹性。

7.4.2 提升科技成果转化效率

完善创新投资、融资体系，推动科技成果产业化。在发展初期，新兴产业具有市场和技术不确定性的特点。有些产业的市场空间可能会产生爆发性，相反，有些产业的市场空间会长期维持在一定水平下。由于新兴产业不明朗的发展前景，因此普遍产业面临着资金不足的困难，难以迅速成长。为了加快技术创新成果产业化的步伐，推动发展新兴产业的规模化，应积极引入和培育风险投资机构，进一步完善资源型城市的投资、融资体系。激励科技发明、科技创新和将科技成果商品化，维护发明人的合法权益和收益，促进高新科学技术成果有偿转让，人和企业可在成果完成后收益额度上进行自主协商。

7.4.3　建立健全城市创新中介服务体系

创新中介服务体系是组成城市创新体系的重要部分，中介服务组织能够促进各种创新资源在其创新主体和各要素所有者之间进行顺畅流动，在整个区域技术创新体系中担当润滑剂的作用，在提升城市创新能力、推动资源型城市产业转型方面扮演着重要角色。因此，加快城市创新中介服务体系并加以完善，向企业提供创新咨询、科技孵化等方面的中介服务以达到推动资源型城市产业成功转型的目的，鼓励社会各级力量投资创立种类齐全的科技服务。

资源型地区的中介服务组织由于第三产业不发达的原因没有得到较为全面的发展。资源型地区的当务之急就是在这种境况下尽快建立健全中介服务机构来推动当地产业结构的升级和转型。积极引入和培育与未来产业相配套的中介服务组织，如技术专利代理机构、鉴定机构、投机机构、信息与咨询公司、会计事务所等，逐步拓宽中介服务组织对科技创新领域的服务范围。在中介服务组织的建设过程中，还要重视人才培养，加大科技中介机构人才培养力度。通过提高优秀中介机构待遇，吸引高端中介服务人才，从而提升中介服务组织的服务能力；中介公司应该重视培养公司内部人才的素质，将培训公司员工视为提高企业核心竞争力的关键；完善行业协会政策并严格执行，提高从业人员职业水平；发挥行业协会的监督职能，制定工作人员行为规范来促进中介从业人员养成良好的职业道德。

7.4.4　强化产学研集成创新能力

注重学科之间的融合，激励不同研究机构间、科研机构与企业间开展多元化形式的集成创新。资源型城市的政府要重点扶持不同学科和机构之间开展集成创新，从政策上推进形式多样的产、学、研合作创新与各类技术间的融合，从而使资源型城市的接续产业加速形成和发展。结合高校的师资、教学、科研与校产资源，联合跨学科、跨院系以及跨院校的科研力量，发挥多学科协同配合的综合优势，形成内联外引、资源共享的联合机制，增强高校的整体实力，提升企业尤其是大中型企业的吸引力。

在企业的参与支持的基础上，加强对高校实验室成果中试的开发，减少高校技术与企业技术间的落差，促进科研成果与企业需求之间的对接，加速将高校高新技术成果转化为现实生产力。尽快完成企业产权制度的改革步伐和对经营方式的转换。要把构建以企业为主体，产、学、研协同配合创新的国家技术创新体系和制定现代企业制度为契机，加快改革创新进程，促使企业在产、学合作中真正成为技术创新、成果转化及生产经营的主体。要通过股份制、股份合作制、公司制改造和制定严密的管理办法与约束机制，建立起产权明晰、政企分离、责权明确、管理科学、效益显著、充满活力的良性合作关系。

7.5　构建高素质人力资本的支撑体系

资源型城市具有较高的资源禀赋优势、丰富的自然资源。随着资源地不断开采消耗，资源城市资源禀赋优势逐渐减弱。资源型城市产业结构升级，需要雄厚的资金做基础，政府科学的政策做导向，科学技术做动力，高效的管理做支撑，高素质人力资本做支撑。资源型城市产业高依赖发展格局导致了人力资本的匮乏，所以人力资本是资源型城市长久发展的阻碍。实现资源型城市长久高速发展需要培育高素质专业人才。人力资本的投入有利于加快产业转型，提高科学技术，提高生产率，实现高效的管理模式。为资源型城市结构升级，区域经济长久发展奠定基础。加强人力资本投资是资源型城市产业转型的关键。为实现资源型城市产业高效持久发展，需要从以下方面着重加强资源型城市人力资本投入。

7.5.1　提升人力资本投资水平

资源型城市产业转型需要长久的战略规划。站在规划角度，资源城市转型需要大量的人才，人力资本是资源型城市发展的永恒动力。资源型城市产业转型成功的关键在人力资本，人力资本匮乏是资源型城市产业转型的重要因素。所以人力资本投资应该是资源城市长期战略规划的重点。资源城市持续发展应该注重人力资本投资与产业转型相结合，推动产业的快速发展。政府应当充分发挥引导职能，大力整合教育资源，加强教育设施建设，承担公共教育职责。充分利用现有的资本优势，着力发展教育，加大义务教育范围，推进成人教育，增加技能培训机构。根据城市产业发展规划，调整高等教育机构专业设置，提高专业性更强，实践能力较高的人才，为资源型城市发展接续产业提供更多具有高素质人力资本存量的人才。

7.5.2　完善人力资本市场体系

（1）资源型城市需要完善人力资本产权制度。人力资本不同于其他资本，具有主动性，需要刺激才能发挥最大潜力。政府积极引导，激励城市居民自主创业，积极投资，实现民营企业快速崛起。消除各种歧视，弱化户籍制度，加快人力资本的流动。改革企事业单位用人制度，完善企事业单位用人体系，发展企事业单位奖励模式。通过激励、政策扶持、定向招聘等方式吸引人才投入资源型城市产业转型的发展潮流中。通过转让股权、福利奖金、授予职称等激励手段留住人才，积极调动人力资本的主动性。政府与企业建立人才合作平台，为城市发展贮备力量。

（2）完善资源型城市人力资本市场体系。我国经济逐步从宏观调控转向由市场起决定性作用。在市场经济下，利益是人力资本主体自主投资的动力。通过建立合理的资本回报机制，完善高效的人力资本市场，调动人力资本的积极性，提高人力资本的创新性，实现资源型城市人力资本市场良性发展。通过健全人力资本市场保障机制，维护人力资本投资收益权的实现。当地政府实施相关法规保证人力资本投资收益权，实现人力资本市场公平、公正、合理的发展。人力资本应该充分结合资源型城市资源禀赋，推动人力资源与资本、技术、劳动等因素的紧密结合。建立健全监管体系，保障人力资本投资者收益权，防止人力资本价值与价格的背离。

7.5.3　优化企业人才发展环境

（1）完善资源型城市制度，创立专业人才和高端人才的发展平台。加快人力资本流动，为技术人才提供机遇。提高专业人才和高端人才福利，帮助解决其家属就业生活问题。资源型城市需要提高人才工作环境，改善人事管理制度，消除户籍、区域、文化等人口流动的限制因素，创建灵活、高效的管理机制，吸引更多的专业型人才。

（2）资源型城市需要优化产业结构，提升产业专业化程度，为专业化人才提供广阔的平台。当前，在自由贸易的推动下，国际产业分工日益专业化，国际产业格局已定，许多产业由资本主义垄断或少数寡头企业控制。跨国公司凭借技术优势，占据了产业链的高端，形成了对全球市场高端产业高度垄断，从中获取大量超额利润，打破垄断和寡头的重要手段是技术创新。随着我国工业化发展到中后期，产业的发展逐步从低端到高端，从劳动密集型产业向技术密集型或资本密集型产业转变，因此技术创新是实现我国产业由低端产业、低附加值的分工价值链环节向高层次、高技术的价值链环节的推进和升级的内在因素。从发展角度分析，人力资本决定技术水平，技术水平限制投资结构，投资结构影响产业格局，产业格局决定了企业规模、发展水平、经济效益，因此，调整优化企业投资结构、产业结构与产业链关键在于引进利用人才。

7.6 创建资源开发补偿机制

资源开发和生态保护的外部性决定了资源型城市可持续发展需要建立保障制度。建立开发补偿机制，健全生态保护机制，实现资源型城市经济环境一体化发展。促使有限的资源在居民、企业、政府之间实现有效配置，实现社会福利最大化。因此，资源型城市应调整资源开发格局，加快建立资源保护体系，完善资源治理制度，开展资源修复工程。与此同时，要深化资源税费制度改革，对资源型城市进行合理补偿，将优势资源转化为资本，形成资本的积累，为资源型城市的产业转型升级奠定雄厚的资金基础。因此，从中央到地方各级政府应在资源型城市建立和落实资源开发补偿机制与生态补偿机制以夯实资源型城市可持续发展的基础。资源开发的补偿资金应该由资源型企业、资源受益者、资源型城市地方政府和中央政府共同承担。完善资源开发补偿机制和生态补偿机制主要从以下三个方面着手。

7.6.1 强化资源开发与生态保护约束力

我国现已出台的资源开发补偿、环境保护和土地管理的法律法规中并未明确指出资源开发补偿和生态环境修复治理的负责人，而是政府一直承担着资源开发补偿和生态环境治理的成本。法律中明确规定"矿产资源属于国家所有"，但由于概念的抽象化，各级政府在具体执行中普遍存在"产权虚置"问题，相关法规在明确资源开发补偿和生态补偿的主体与客体、补偿的原则以及所依据的法律法规等方面还存在缺陷。正因如此，国家财政担负资源开发和生态补偿的主要费用，而对生态环境破坏负有首要责任的资源开发企业却承担得较少。因此，应当确立详明法律法规，为资源开发补偿和生态补偿建立精确的标尺，明确资源开发和生态治理的主体，严格按照"谁破坏，谁治理"的权责对等原则，明确责任，同时政府要进行必要的行政干预和强制，进一步加强资源开发和生态保护执法力度，使之具有强制性和权威性，为生态环境保护和自然资源的合理利用提供可靠的法律保证，这样有助于资源的合理高效利用，同时减少资源开采产生的负外部性对地方经济发展的负面影响。

7.6.2 调整资源补偿标准

研究分析我国现行过低的资源补偿标准发现有其历史原因。新中国成立初，为了扶持加工业发展，使加工业资本迅速积累，人为制造了工农、工矿产品"剪刀差"。以致沿袭至今，各级地方政府从保持资源产业下游加工业产品价格的平稳的角度出发，往往人为地设定较低的油矿产资源特别是各种能源的价格，导致加工业企业对资源需求不合理的膨胀和对资源过度开采，造成了资源过度消费，影响区域的可持续发展。因此，在遵循价值规律和市场供求规律的前提下，通过适当调高资源补偿标准，让资源的稀缺性在价格层面得到充分体现，引导人们自觉主动地树立起珍惜宝贵能源的意识，使资源得到有效、可持续的利用。

资源开发补偿和生态补偿主要以政府为主导，而资源开发补偿和生态补偿机制主要包括征收资源开发补偿和生态补偿费的金额、征收方法和程序以及如何使用补偿资金。资源开发补偿和生态补偿金的征收方法应依据新旧矿山的不同采取补偿费和环境修复保证金等不同的方式。征收的补偿费和保证金要专款专用，全部用于矿区生态环境的修复治理，以推进资源型城市实现经济—社会—生态环境耦合系统的协调发展。

7.6.3　扩大资源税收取范围

从保护生态环境的角度看，通过经济手段要体现出具体的边际环境成本和边际耗竭成本。环境污染损失和生态破坏损失构成边际环境成本，由于环境污染所造成的损失通过排污费收取；而由于生态破坏所造成的则需要政府相关部门出台政策法规通过生态补偿费收取，排污费和生态补偿费共同构成自然资源开发的生态环境税费体系，由生态环境保护主管部门负责。自然资源开发的税费体系由边际耗竭成本构成，这一部分费用则由资源产业管理部门负责征收。政府相关部门按照对环境资源开发利用的程度或产生的污染情况对开发、使用环境资源的单位和个人征收费用，通过经济手段引导资源开发利用者主动节约资源、树立生态环保意识。在生态环境补偿方面，政府应重点解决以下问题：首先，要逐步完善现行的排污收费制度，逐渐提高现在实行的收费标准、进一步扩大收费范围，切实落实好"谁污染，谁治理"的方针；其次，要把环境资源部门现行的资源补偿收费纳入资源税费的范畴，出台如矿产资源税等涉及范围更广更详尽的税种，以明确税费缴交种类和标准；最后，要研究开征与生态环境补偿有关的税费，例如，根据矿产资源开发利用过程中所造成的生态及环境破坏程度，征收一定的矿产资源补偿税费。

7.7　本章小结

  本章主要根据前面章节的系统性分析，以提出科学、合理的资源型城市产业转型政策为目的。资本积累、人力资本开发、技术创新、资源补偿机制等作为政策研究角度，提出了扶持制造业及新兴产业发展、提高资本分配和累积利用效率、提升技术创新能力、加强人力资本投资、完善资源开放补偿机制和生态补偿机制等6大政策建议，为推动国内资源型城市产业转型提供经验与方法借鉴。

译名对照表

Bettis，R. A.	贝提斯·R. A.
Brett Bryan	布雷特·布莱恩
Chener	陈
Foellmi and Zweimuller	费里米和泽未穆勒
Hillman	希尔曼
Lucas	卢卡斯
M. Nawaz Sharif	纳瓦兹·谢里夫
Ngai and pissarides	皮萨里德斯
Peneder	彭尼德尔
Steve Kardinal Jusuf	史蒂夫·卡迪纳尔·优素福
Thierry Giordano	蒂埃里·蒂里乔达诺
Vito Albinoa	维托 阿尔维诺
Walt Whitman Rostow	华尔特·惠特曼·罗斯托
W. Edward Steinmueller	W. 爱德华. 斯坦米勒

参考文献

［1］杨公仆，夏大慰．现代产业经济学［M］．上海：上海财经出版社，1999：1

［2］杜辉，胡健．经济转型时期的"断层危机"［J］．统计与信息论坛，1998

［3］张谷著．经济开放与产业转型［M］．西安：陕西人民出版社，1996：3

［4］阿尔弗雷德·韦伯．工业区位论［M］．北京：商务印书馆，1997．

［5］贝蒂尔·奥林．地区间贸易和国际贸易［M］．北京：首都经济贸易大学出版社，2001

［6］费洪平．中国区域经济发展［M］．北京：科学出版社，1998：21－29

［7］艾伯特·赫希曼．经济发展战略［M］．北京：经济科学出版社，1991：55－56

［8］厉以宁．区域发展新思路［M］．北京：经济日报出版社，2000：5－8

［9］胡兆量．中国区域发展研究导论［M］．北京：北京大学出版社，1999：103

［10］Storper，M.．The transition to flexible specialization in industry，Cambridge Journal of Economics，1989，Vol.13：273－305

［11］Markusen，A.．Sticky places in slippery space：a typology of industrial districts，Economic Geography，1996，Vol. 72：293 – 313

［12］Krugman，P.．Increasing returns and economic geography，Journal of Political Economy，1991，Vol. 99：183 – 199

［13］王缉慈．关于我国区域研究中的若干新概念的讨论［J］．北京大学学报，1998，Vol. 35（6）：114 – 120

［14］卓勇良．空间集中化战略［M］．北京：社会文献出版社，2000：151 – 178

［15］杨小凯，黄有光．专业化与经济组织［M］．北京：经济科学出版社，1999：137 – 158

［16］Porter，M. E.．The Competitive Advantage of Nations. New York：The Free Press，1990：69 – 130

［17］Porter，M. E.．Clusters and New Economics of Competition，Harvard Business Review，1998，November-December：77 – 90

［18］王如松．转型期城市生态学前沿研究进展［J］．生态学报，2000（9）

［19］Froshch R. A. & Gallopouls N. E. Strategies for Manufacturing. Sci. Am.，1989，26（3）：144 – 153

［20］Kumar C. and Patel N. Industrial Ecology. Proc. National Acad. Sci. USA，1991（89）：798 – 799

［21］Lifset R. Journal of Industrial Ecology. Published by MIT Press，1997，1（1）

［22］W. W. 罗斯托．经济增长的阶段［M］．北京：中国社会科学出版社，2001

［23］江小涓．经济转轨时期的产业政策［M］．上海：三联书店，1996：163 – 168，209 – 211

［24］陆大道，薛凤旋．1997 中国区域发展报告［M］．北京：商务印书馆，1997：83

［25］Stiglitz，J. E.，Potential Competition May Reduce Welfare，

American Economic Review，1981，Vol. 71：184－189

　　［26］江小涓．经济转轨时期的产业政策［M］．上海：三联书店，1996：163－168，209－211

　　［27］张米尔，邸国永．从我国煤炭产业看产业组织低效率问题［J］．经济理论与经济管理，2002（1）：36－39

　　［28］李晟晖．矿业城市产业转型研究——以德国鲁尔为例［J］．中国人口·资源与环境，2003（4）

　　［29］迪特里希·狄克特曼，维克多·威尔佩特·皮尔，魏华．德国社会市场经济：基础、功能、限制［J］．德国研究，2001，Vol. 6（2）：49－54

　　［30］刘元春．论路径依赖分析框架［J］．教学与研究．1999（1）

　　［31］辽宁工业转型研究课题组．借鉴法国洛林经验加快辽宁工业转型［J］．中国软科学，1998（10）

　　［32］赵涛．德国鲁尔区的改造［J］．国际经济评论，2000（2）：37－40

　　［33］张远鹏．欧盟中小企业政策措施的新发展［J］．外国经济与管理，2001，Vol. 23（7）：33－35